大勢《おおぜい》の中《なか》のあなたへ

ひきたよしあき

朝日学生新聞社

絵　杉浦範茂

はじめに

小学生《しょうがくせい》のころ兵庫県西宮市《ひょうごけんにしのみやし》に住《す》んでいた私《わたし》は、七つ年上《としうえ》のいとこのお姉《ねえ》さんにしょっちゅう手紙《てがみ》を書《か》いていました。

数年前《すうねんまえ》、彼女《かのじょ》が保管《ほかん》していた1通《つう》を受《う》け取《と》り、45年《ねん》ぶりに読《よ》み返《かえ》すことができました。ひどい内容《ないよう》でした。好《す》きだった「阪神《はんしん》タイガース」の話《はなし》ばかり。ふざけ半《はん》分《ぶん》の言葉《ことば》が並《なら》び、相手《あいて》の気持《きも》ちなど全《まった》く考《かんが》えていません。よくもまぁ、こんなにひどい手紙《てがみ》を17歳《さい》の高校生《こうこうせい》に送《おく》っていたものだとあきれてしまったのです。それでもお姉《ねえ》さんは、いつも返事《へんじ》を書《か》いてくれました。野球《やきゅう》など何《なに》も知《し》らないのに「よく調《しら》べてるね」とほめてくれ、自分《じぶん》の周囲《しゅうい》に起《お》きていることを文章《ぶんしょう》にしてくれたのです。

その手紙《てがみ》は、私《わたし》を子《こ》どもあつかいしていませんでした。女学校《じょがっこう》ではやっていることや、受験《じゅけん》についても書《か》いていました。「受験《じゅけん》」という言葉《ことば》を、私《わたし》はお姉《ねえ》さんの手紙《てがみ》の中《なか》で覚《おぼ》えたのです。手紙《てがみ》の返事《へんじ》がくるうれしさや子《こ》どもあつかいされない心地《ここち》よさ。そして、何《なに》より文章《ぶんしょう》を書《か》く楽《たの》しさを私《わたし》は手紙《てがみ》を通《つう》じて学《まな》んだのでした。

「大勢《おおぜい》の中《なか》のあなたへ」を書《か》くにあたり、まず考《かんが》えたのは、このお姉《ねえ》さんのことです。成長《せいちょう》した私《わたし》が、今度《こんど》は子《こ》どもたちの文通相手《ぶんつうあいて》になろうと決《き》めたのでした。同時《どうじ》に、読《よ》んでくれるみんなを絶対《ぜったい》に「子《こ》どもあつかいしない」と自分《じぶん》に誓《ちか》いました。子《こ》どもは未完成《みかんせい》な大人《おとな》ではありません。一人の人間《にんげん》です。知識《ちしき》と経験《けいけん》は少《すく》ないかもしれない。それでも持《も》っているもの全部《ぜんぶ》を使《つか》って、感《かん》じ、考《かんが》え、行動《こうどう》しているのです。子《こ》どもだと思《おも》って手加減《てかげん》するのは失礼《しつれい》です。私《わたし》も全力《ぜんりょく》で向《む》きあうことにしました。

そしてもう一つ。新聞《しんぶん》コラムではありますが、文通《ぶんつう》しようと呼《よ》びかけることにしました。手紙《てがみ》が来《き》たら、必《かなら》ず返事《へんじ》を書《か》く。何度《なんど》も手紙《てがみ》を読《よ》み、それにふさわしい返事《へんじ》を原稿用紙《げんこうようし》に万年筆《まんねんひつ》で書《か》くことにしました。手書《てが》きの手紙《てがみ》を交換《こうかん》する喜《よろこ》びをみんなと味《あじ》わいたかったのです。

コラムが始《はじ》まるとすぐに手紙《てがみ》が届《とど》きました。私《わたし》が子《こ》どものころに書《か》いたものに比《くら》べると、どれもすばらしい内容《ないよう》でした。「国語《こくご》が苦手《にがて》」「友《とも》だちとケンカした」「部活《ぶかつ》の人間関係《にんげんかんけい》が難《むずか》しい」「お母《かあ》さんが私《わたし》の言《い》うことを聞《き》いてくれない」……。みんな心《こころ》の内《うち》にあるものを上手《じょうず》に表現《ひょうげん》しています。多少文章《たしょうぶんしょう》におかしなところがあるにせよ、一人の人間《にんげん》として１００％《パーセント》の力《ちから》を出《だ》しきっている手紙《てがみ》が何通《なんつう》も届《とど》きました。中《なか》には本格的《ほんかくてき》な文通《ぶんつう》が始《はじ》まったケースもありました。その子《こ》の手紙《てがみ》を並《なら》べてみると、短《みじか》い期間《きかん》で大人《おとな》の3倍《ばい》も、4倍《ばい》も、考《かんが》え方《かた》が成長《せいちょう》していました。

「大勢《おおぜい》の中《なか》のあなたへ」は、読《よ》むだけのものではありません。中《なか》には、勉強《べんきょう》や考《かんが》え方《かた》のコツが入《はい》っています。どれも簡単《かんたん》にできるものです。それを実践《じっせん》し、その結果《けっか》や気《き》づいた点《てん》を手紙《てがみ》に書《か》いてみたくなる。読《よ》んで、試《ため》してみて、感《かん》じたことを文章《ぶんしょう》にする。これをくり返《かえ》すことで文章《ぶんしょう》の、否《いな》、生《い》きる力《ちから》を強《つよ》くするのが目的《もくてき》です。

読《よ》み終《お》えたら感想《かんそう》を送《おく》ってください。必《かなら》ず返事《へんじ》を書《か》くからね。

大勢《おおぜい》の中《なか》のあなたへ　目次《もくじ》

第《だい》2章《しょう》

がんばる力《ちから》をつけたいあなたへ

第《だい》1章《しょう》

伝《つた》える力《ちから》をつけたいあなたへ

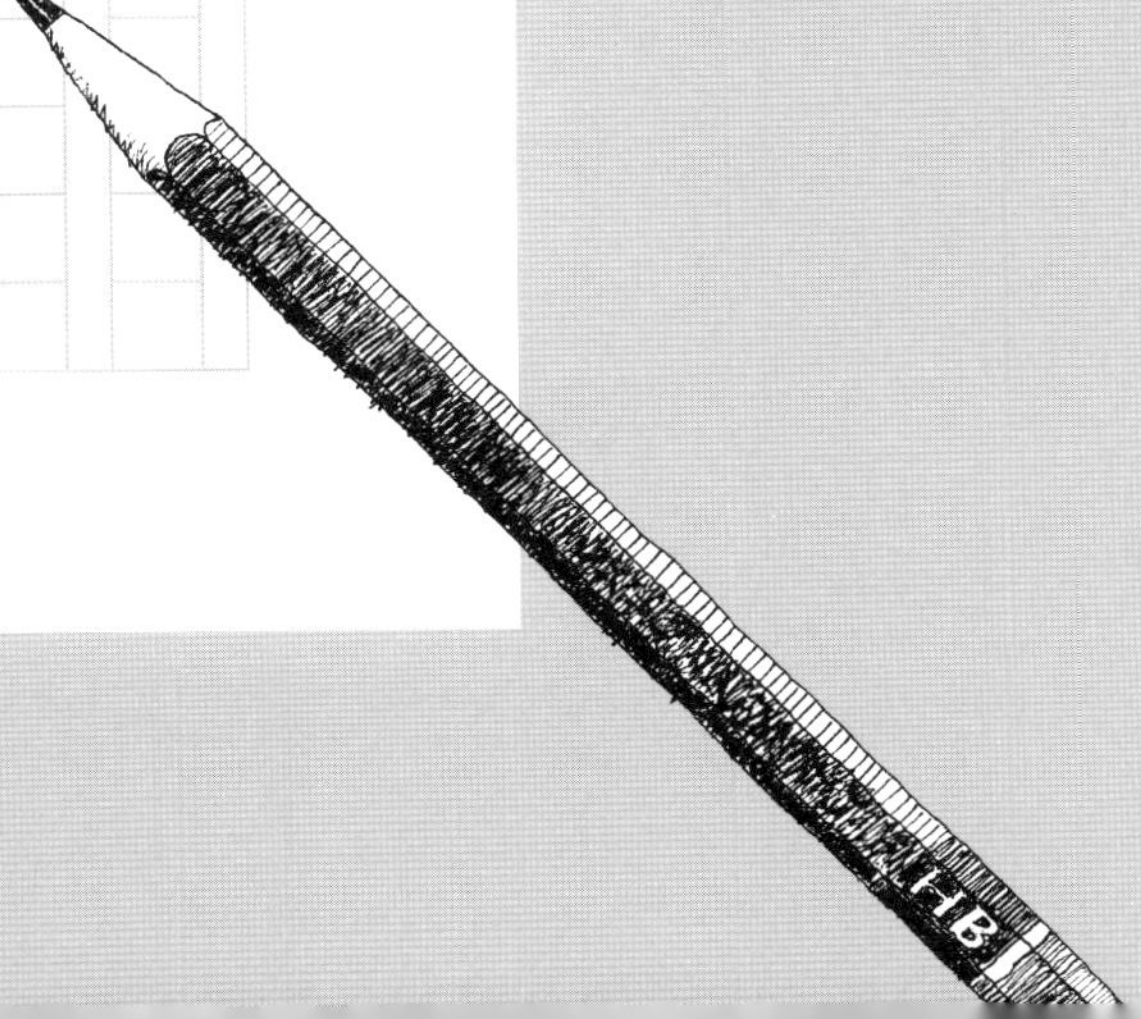

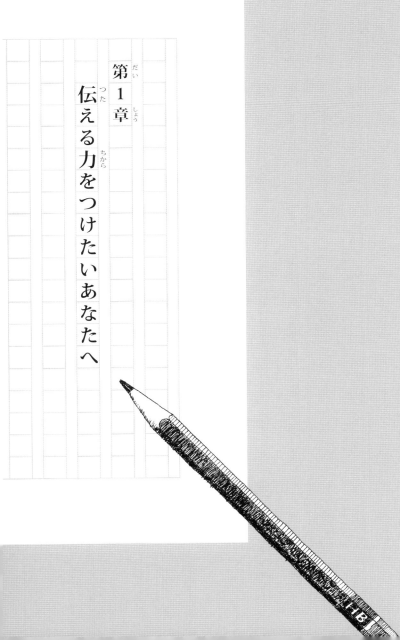

新《あたら》しい学年《がくねん》で学《まな》び始《はじ》めたあなたへ

あなたに手紙《てがみ》を書《か》きます。新《あたら》しい学年《がくねん》で学《まな》び始《はじ》めたあなたに手紙《てがみ》を書《か》きます。

新《あたら》しい教室《きょうしつ》、新《あたら》しい教科書《きょうかしょ》、新《あたら》しい先生《せんせい》。この季節《きせつ》は「新《しん》」という字《じ》が桜吹雪《さくらふぶき》のように舞《ま》っていますね。

先生《せんせい》は優《やさ》しいですか。友《とも》だちはできましたか。新《あたら》しい人《ひと》との出会《であ》いは、あなたの世界《せかい》を大《おお》きく広《ひろ》げてくれます。

しかし、新《あたら》しいものには緊張《きんちょう》や不安《ふあん》がつきものです。人間《にんげん》は何《なに》かを始《はじ》める時《とき》に、ストレスを強《つよ》く感《かん》じる動物《どうぶつ》です。あなたはすでに「もう、あきらめた」「ここからにげ出《だ》したい」と弱音《よわね》をはいているかもしれません。

人間関係《にんげんかんけい》で悩《なや》んだ時《とき》、私《わたし》は小学校《しょうがっこう》の卒業《そつぎょう》アルバムをながめることにしています。古《ふる》ぼけたアルバムを開《ひら》くと、小学生《しょうがくせい》の私《わたし》と友《とも》だちがいます。人気者《にんきもの》の学級委員長《がっきゅういいんちょう》、ふざけてばかりのお調子者《ちょうしもの》、少《すこ》し不良《ふりょう》がかったやつなど、いろんな個性《こせい》が集《あつ》まっています。今考《いまかんが》えると、世《よ》の中《なか》はここに集《あつ》まった個性《こせい》が増殖《ぞうしょく》して、散《ち》らばっているだけなのです。つまりあなたが学《まな》んでいるクラスは、大《おお》きくなって経験《けいけん》する社会《しゃかい》のサンプルなのです。

つらいこともあるでしょう。がまんできない友《とも》だちもいるはずです。しかし、人間関係《にんげんかんけい》にもまれることで、あなたは社会《しゃかい》の荒波《あらなみ》を乗《の》りきる力《ちから》を養《やしな》っているのです。みんなとなかよく過《す》ごそうとする努力《どりょく》が、あなたの未来《みらい》を切《き》りひらくのです。

新《あたら》しい環境《かんきょう》になれようとしているあなた。その姿《すがた》は、もう立派《りっぱ》な社会人《しゃかいじん》です。

うまく話《はな》せないあなたへ

あなたに手紙《てがみ》を書《か》きます。みんなの前《まえ》でうまく話《はな》せないあなたに手紙《てがみ》を書《か》きます。

言《い》いたいことがあるのに、言葉《ことば》が出《で》てこない。「失敗《しっぱい》したらどうしよう」とモジモジしてしまう。これはあなただけではありません。大勢《おおぜい》の大学生《だいがくせい》に教《おし》えるのが仕事《しごと》の私《わたし》でも、緊《きん》張《ちょう》して言葉《ことば》が出《で》ないことがよくあります。

克服《こくふく》するにはどうすればいいか。私《わたし》は、長《なが》い間研究《あいだけんきゅう》してきました。そして、一つの答《こた》えを見《み》つけました。人《ひと》の前《まえ》に立《た》ったら、まず大《おお》きな声《こえ》であいさつをするのです。「おはようございます」「よろしくお願《ねが》いします」「ひきたよしあきです」。まっすぐ立《た》って、おなかに力《ちから》を入《い》れて声《こえ》を出《だ》す。すると体《からだ》の中《なか》にいた弱気《よわき》や、はずかしがり屋《や》の虫《むし》たちが、びっくりして体《からだ》から出《で》てしまいます。

大《おお》きな声《こえ》を出《だ》せば、聞《き》く側《がわ》のみんなも、「この人《ひと》は自信《じしん》があるんだな」と思《おも》ってくれる。話《はなし》を聞《き》こうという顔《かお》つきになります。こうなれば、しめたもの。いつもよりゆっくりと、口《くち》を大《おお》きく動《うご》かして話《はな》し始《はじ》めましょう。

でも、大《おお》きな声《こえ》は急《きゅう》に出《だ》せるものではありません。日《ひ》ごろの練習《れんしゅう》が必要《ひつよう》です。どうするかって？　簡単《かんたん》ですよ。毎日《まいにち》のあいさつをいつも話《はな》しているより大《おお》きな声《こえ》でします。まずは今日《きょう》学校《がっこう》に着《つ》いたら、はずかしがらずに「おはよう！」とさけんでみましょう。不《ふ》思《し》議《ぎ》と元気《げんき》が出《で》るはずです。毎日《まいにち》続《つづ》けていれば、人前《ひとまえ》でうまく話《はなし》のできるあなたに変身《へんしん》しています。

友《とも》だちを作《つく》りたいあなたへ

あなたに手紙《てがみ》を書《か》きます。友《とも》だちを作《つく》りたいあなたに手紙《てがみ》を書《か》きます。

私《わたし》が小学《しょうがく》3年生《ねんせい》の時《とき》です。「友《とも》だち」を議《ぎ》題《だい》にみんなで話《はな》し合《あ》っていた時《とき》、女《おんな》の子《こ》がこう言《い》いました。「友《とも》だちは、また会《あ》いたいと思《おも》う人《ひと》」と。

その時《とき》、私《わたし》はS《エス》くんというなかのいい友《とも》だちとケンカの最中《さいちゅう》でした。いつもいっしょに下校《げこう》していたのに、3日近《かちか》くバラバラに帰《かえ》っていたのです。しかしよく考《かんが》えると、S《エス》くんの家《いえ》の前《まえ》で「じゃあね！　あした、また！」と別《わか》れる時《とき》、いつも「またあした会《あ》いたい」と思《おも》っていたのです。「S《エス》くんはどう思《おも》っているのだろう」と考《かんが》えながら下校《げこう》を始《はじ》めた時《とき》、偶然《ぐうぜん》S《エス》くんが前《まえ》を歩《ある》いていました。ふり向《む》いてこちらを見《み》ています。私《わたし》はかけ寄《よ》り、並《なら》んで歩《ある》き出《だ》しました。無言《むごん》でした。2人とも謝《あやま》りたい気持《きも》ちがあるのに、言葉《ことば》にする勇気《ゆうき》がない。ついにS《エス》くんの家《いえ》の前《まえ》まできてしまいました。「じゃあな。またあしたな。ごめんな！」。口《くち》に出《だ》したのはS《エス》くんでした。私《わたし》は自分《じぶん》の心《こころ》のせまさを悔《く》いました。

初《はじ》めからでき上《あ》がった友《とも》だち関係《かんけい》なんてありません。いっしょに遊《あそ》び、学《まな》び、時《とき》には口論《こうろん》し、ケンカもする。そうした中《なか》で「また会《あ》いたい」という気持《きも》ちをいっしょに育《はぐく》むことで、ゆっくりと、確実《かくじつ》に友《とも》だちになっていくのです。

友《とも》だちを作《つく》りたいあなたはまず、「また会《あ》いたい」と思《おも》われる人《ひと》を目指《めざ》しましょう。S《エス》くんは、今《いま》でも親友《しんゆう》です。会《あ》うと必《かなら》ず「また会《あ》いたい」と思《おも》う友《とも》だちです。

言《い》いたいことが言《い》えないあなたへ

あなたに手紙《てがみ》を書《か》きます。言《い》いたいことが言《い》えないあなたに手紙《てがみ》を書《か》きます。
好《す》きな人《ひと》がいるのに、好《す》きだと言《い》えない。あの人《ひと》にやめてほしいことがあるのに、それを言《い》い出《だ》せない。言《い》いたいことがあるのに言《い》えない場面《ばめん》ってたくさんあるよね。

なぜ言《い》えないのでしょうか。どうして言《い》い出《だ》すタイミングをのがしてしまうのでしょうか。答《こた》えは簡単《かんたん》です。結果《けっか》がこわいから。本《ほん》当《とう》のことがわかったらつらいからです。

「好《す》きだ」と言《い》ったのに相手《あいて》にきらわれたらどうしよう。「やめてください」と言《い》った途端《とたん》、仕返《しかえ》しにあったらどうしよう。そんな不安《ふあん》があなたを気弱《きよわ》にしています。できれば波風《なみかぜ》を立《た》てたくない気持《きも》ちが強《つよ》くあります。
どうすればいいでしょうか。

ここで紙《かみ》と鉛筆《えんぴつ》を用意《ようい》しましょう。そこにあなたが言《い》いたいことを言《い》った時《とき》に、相手《あいて》がどんな反応《はんのう》をするかを思《おも》いつく限《かぎ》り書《か》いてみましょう。いい反応《はんのう》も、悪《わる》い反応《はんのう》もあります。最悪《さいあく》の事態《じたい》も書《か》きましょう。こうすると、相《あい》手《て》の反応《はんのう》に対《たい》し、自分《じぶん》をどうコントロールすればいいかが見《み》えてきます。悪《わる》いことが起《お》きても、その次《つぎ》の一手《いって》に何《なに》を言《い》うべきかがわかってきます。

ただ不安《ふあん》に思《おも》うだけでなく、紙《かみ》に書《か》いて、はき出《だ》してみる。すると言《い》いたいことを言《い》う方法《ほうほう》が見《み》つかります。相手《あいて》の先《さき》の先《さき》を読《よ》むことで自信《じしん》がわいてくるはずです。さぁ、勇気《ゆうき》を出《だ》そう。言《い》いたいことを言《い》いにいこう。

ひとりぼっちのあなたへ

あなたに手紙《てがみ》を書《か》きます。ひとりぼっちのあなたに手紙《てがみ》を書《か》きます。

私《わたし》は小学校《しょうがっこう》を3回転校《かいてんこう》しました。やっとなかよくなれた友《とも》だちと別《わか》れる。新《あたら》しい学校《がっこう》に行《い》くと、わからないことだらけでオロオロするばかり。新《あたら》しいクラスになってしばらくは、だれとも話《はな》さず帰《かえ》る日《ひ》が続《つづ》きました。

前《まえ》の学校《がっこう》がなつかしくてしかたありません。教科書《きょうかしょ》の進《すす》み方《かた》もちがいます。知《し》らない漢字《かんじ》がテストに出《で》たり、練習《れんしゅう》したことのない曲《きょく》を笛《ふえ》で吹《ふ》かされてはじをかいたり……。泣《な》きたいような毎日《まいにち》が続《つづ》きました。

でも、そのさびしさがあったからこそ、初《はじ》めて「いっしょに帰《かえ》ろう」と言《い》ってくれた友《とも》だちをよく覚《おぼ》えています。ドッジボールで「ひきた！ ナイスキャッチ」と言《い》われた時《とき》のことを今《いま》でも思《おも》い出《だ》すことがでるのです。

ひとりぼっちでいる期間《きかん》は確《たし》かにつらくて不安《ふあん》。でも、それはけっして無駄《むだ》ではありません。私《わたし》たちは、ひとりぼっちの時間《じかん》を通《とお》して、人《ひと》の優《やさ》しさやひと声《こえ》かける大切《たいせつ》さを学《まな》んでいるのです。

今《いま》、ひとりぼっちのあなたへ。そのさびしさを少《すこ》しだけ和《やわ》らげるすべを教《おし》えましょう。鏡《かがみ》の前《まえ》に立《た》ってしっかりと自分《じぶん》の顔《かお》を見《み》ます。そして「私《わたし》は今《いま》、強《つよ》くなっている」と心《こころ》の中《なか》で唱《とな》えましょう。ひとりぼっちは、自分《じぶん》が弱《よわ》くなったように感《かん》じますが、そんなことはありません。あなたは「孤独《こどく》」を通《とお》して、どんどん強《つよ》くたくましく、そして優《やさ》しい人《ひと》になっているのです。きっとすてきな友《とも》だちが見《み》つかるよ。がんばって！

尊敬《そんけい》する人《ひと》が欲《ほ》しいあなたへ

あなたに手紙《てがみ》を書《か》きます。尊敬《そんけい》する人《ひと》が欲《ほ》しいあなたに手紙《てがみ》を書《か》きます。

私《わたし》にも尊敬《そんけい》する人《ひと》がいます。幕末《ばくまつ》に活躍《かつやく》した坂本龍馬《さかもとりょうま》です。わくにとらわれることがきらいな龍馬《りょうま》は、土佐藩《とさはん》を脱藩《だっぱん》します。日本初《はつ》の海軍《かいぐん》をつくる仕事《しごと》に明《あ》け暮《く》れ、やがてなかの悪《わる》かった薩摩藩と長州藩の手をにぎらせます。この「薩長同盟《さっちょうどうめい》」が、新《あたら》しい世《よ》の中《なか》をつくるきっかけになるのです。私《わたし》は坂本龍馬《さかもとりょうま》の発想《はっそう》や行動力《こうどうりょく》にあこがれました。戦争《せんそう》をきらい、話《はな》し合《あ》いや新《あたら》しい考《かんが》えを取《と》り入《い》れていく。彼《かれ》の「日本を洗濯《せんたく》しよう」という言葉《ことば》に感銘《かんめい》しました。

龍馬《りょうま》を尊敬《そんけい》して以来《いらい》、彼《かれ》が理想《りそう》とした「みんなが笑《わら》って暮《く》らせる国《くに》」をつくろうと微力《びりょく》ながら努力《どりょく》しています。

尊敬《そんけい》する人《ひと》は、自分《じぶん》の人生《じんせい》の前《まえ》を歩《ある》いてくれています。考《かんが》えや行動《こうどう》をまねすることで、その人《ひと》に近《ちか》づくことができます。迷《まよ》ったら、「あの人《ひと》ならどう考《かんが》えるだろう」と自問自答《じもんじとう》できるのです。一人で考《かんが》えるよりもずっと名《めい》案《あん》がうかびますよ。

また、尊敬《そんけい》する人《ひと》は勇気《ゆうき》をくれます。苦《くる》しい時《とき》に、乗《の》りきった経験《けいけん》があるからです。私《わたし》はこれまでに何度《なんど》も坂本龍馬《さかもとりょうま》に助《たす》けてもらいました。

キュリー夫人《ふじん》、エジソン、二宮尊徳《にのみやそんとく》、それにご両親《りょうしん》もいいよね。尊敬《そんけい》できる人《ひと》が見《み》つかると、自分《じぶん》の未来《みらい》に正《ただ》しい方向《ほうこう》が見《み》えてきます。見上《みあ》げればあなたの尊敬《そんけい》する人《ひと》がにっこり笑《わら》って待《ま》っていてくれるはず。その道《みち》にまちがいはありません。力強《ちからづよ》く進《すす》んでください。

災害《さいがい》に心《こころ》を痛《いた》めているあなたへ

あなたに手紙《てがみ》を書《か》きます。災害《さいがい》に心《こころ》を痛《いた》めているあなたに手紙《てがみ》を書《か》きます。

日本は災害《さいがい》の多《おお》い国《くに》です。大地震《だいじしん》や洪水《こうずい》で、毎年《まいとし》のように被害《ひがい》が出《で》ます。そのたびに多《おお》くの人《ひと》が不安《ふあん》をかかえて、不便《ふべん》な生活《せいかつ》を強《し》いられてしまいます。

こういう時《とき》、「思《おも》いやり」が大切《たいせつ》だと言《い》われます。でも「思《おも》いやり」って何《なん》なのでしょう。

言葉《ことば》の成《な》り立《た》ちから考《かんが》えてみましょう。「思《おも》いやり」は、「思《おも》う」と「遣《や》る」という言葉《ことば》でできています。「遣《や》る」は、「そこへ行《い》かせる」という意味《いみ》。つまり「思《おも》いやり」とは、自分《じぶん》の思《おも》いを相手《あいて》のところまで行《い》かせることなのです。

ではどうやって、自分《じぶん》の思《おも》いを相手《あいて》にまで行《い》かせるのでしょう。

まずは、相手《あいて》が置《お》かれている状況《じょうきょう》や気持《きも》ちを想像《そうぞう》してみましょう。「どんな悲《かな》しい思《おも》いなんだろう」「何《なに》が足《た》りていないんだろう」と考《かんが》えます。土地《とち》について調《しら》べたり、災害《さいがい》の新《しん》聞記事《ぶんきじ》を読《よ》んでください。

あなたがずっと忘《わす》れずにいること。相手《あいて》の気持《きも》ちを思《おも》い、見守《みまも》り続《つづ》ければ立派《りっぱ》な「思《おも》いやり」になります。なぜなら思《おも》い続《つづ》けることによって、あなた自身《じしん》が「思《おも》いやりのある人《ひと》」に変《か》わっていくからです。成長《せいちょう》したあなたは、こうした人《ひと》たちの気持《きも》ちに寄《よ》りそって行動《こうどう》する大人《おとな》になれる。「思《おも》いやり」を持《も》ち続《つづ》ける人《ひと》になりましょう。

だれかとケンカをしているあなたへ

あなたに手紙《てがみ》を書《か》きます。だれかとケンカをしているあなたに手紙《てがみ》を書《か》きます。ケンカ相手《あいて》は、友《とも》だちですか。お母《かあ》さんですか。さっきしかられたのかな。ずいぶん長《なが》い間《あいだ》、口《くち》をきいてないのかな。ケンカをすると「悪《わる》いのはあっちだ」と思《おも》います。「相手《あいて》が謝《あやま》るまで、絶対《ぜったい》謝《あやま》らない」とガンコになります。なか直《なお》りするのって難《むずか》しいよね。

でも、こんなふうに考《かんが》えてみてください。「もう二度《にど》とその人《ひと》に会《あ》えないことになった時《とき》、それでもケンカを続《つづ》けるだろうか」と。あなたの前《まえ》から消《き》えてしまった相手《あいて》とは、ケンカ別《わか》れのままです。どれだけ楽《たの》しい思《おも》い出《で》があっても最後《さいご》はケンカをしたまま。それでもあなたは相手《あいて》を許《ゆる》せませんか。

「一期一会《いちごいちえ》」という言葉《ことば》があります。「一生《いっしょう》に一度《いちど》の機会《きかい》」という意味《いみ》です。同《おな》じような毎日《まいにち》でも、二度《にど》とくり返《かえ》すことはありません。そこにいる人《ひと》が明日《あす》もいる保証《ほしょう》はないのです。だからお茶《ちゃ》の世界《せかい》では、お客《きゃく》さまをもう二度《にど》と会《あ》えない人《ひと》として接《せっ》します。「一期一会《いちごいちえ》」の精神《せいしん》で今《いま》できる最高《さいこう》のおもてなしをするのです。

さて、もう一度《いちど》、今《いま》のケンカを考《かんが》えてみましょう。相手《あいて》を「一期一会《いちごいちえ》」の心《こころ》で見《み》てみましょう。もう二度《にど》と会《あ》えない人《ひと》だと思《おも》えば、なか直《なお》りする道《みち》をあなたから示《しめ》すことができるのではないですか。「ごめんなさい」と謝《あやま》れると思《おも》うのです。

「一期一会《いちごいちえ》」は日本人《じん》が長《なが》い歴史《れきし》をかけて育《はぐく》んできた人《ひと》づきあいの極意《ごくい》。あなたのケンカも必《かなら》ず解決《かいけつ》できます。

友《とも》だちをいじめているあなたへ

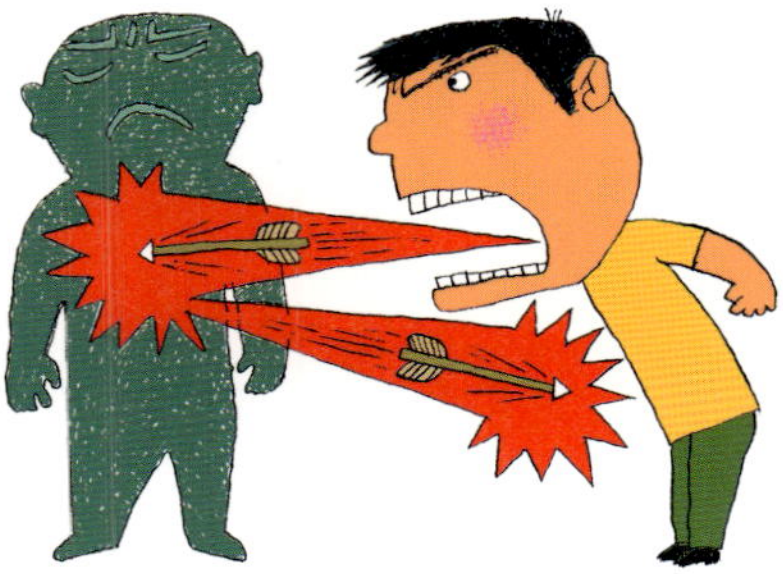

あなたに手紙《てがみ》を書《か》きます。友《とも》だちをいじめているあなたに手紙《てがみ》を書《か》きます。

脳《のう》や意識《いしき》に関《かん》する研究《けんきゅう》が進《すす》んだ今《いま》、いろいろなことがわかってきました。例《たと》えば、心《こころ》の奥深《おくふか》い層《そう》にある「潜在意識《せんざいいしき》」と言《い》われるもの。自分《じぶん》では意識《いしき》できないのに、活動《かつどう》や考《かんが》え方《かた》に強《つよ》い影響《えいきょう》をあたえるそうです。

この「潜在意識《せんざいいしき》」は、「主語《しゅご》」が理解《りかい》できないそうです。「おまえは、バカだ」と言《い》うと、「おまえは」という「主語《しゅご》」が消《き》えて「バカだ」だけが心《こころ》に残《のこ》ります。「あなたは、死《し》ねばいいのよ」と友《とも》だちに向《む》かって言《い》えば、「死《し》ねばいいのよ」という部分《ぶぶん》だけが本人《ほんにん》の心《こころ》に残《のこ》ります。

「バカだ」「死《し》ね」と友《とも》だちをいじめているあなたは、同《おな》じ言葉《ことば》で自分《じぶん》の心《こころ》を傷《きず》つけています。しかもそれは消《き》えずに蓄積《ちくせき》されていき、知《し》らないところで、あなたの考《かんが》え方《かた》や行動《こうどう》に強《つよ》い影響《えいきょう》をおよぼすとも言《い》われています。

わかりますか。あなたは友《とも》だちをいじめておもしろがっていますが、本当《ほんとう》にいじめているのはあなた自身《じしん》なのです。いじめてスッキリするなんてことは絶対《ぜったい》にありません。この先《さき》いいことも起《お》きません。あなたは傷《きず》ついた心《こころ》をかかえて生《い》きていくことになるのです。

今《いま》すぐいじめをやめてください。反対《はんたい》に友《とも》だちをはげますことを考《かんが》えてください。はげましにも「主語《しゅご》」はありません。だから友《とも》だちをはげませば、あなた自身《じしん》もはげまされます。言葉《ことば》って、こわいものなんだよ。もうこれ以上《いじょう》、人《ひと》も自分《じぶん》も傷《きず》つけてはいけません。

人《ひと》のせいにしている あなたへ

あなたに手紙《てがみ》を書《か》きます。人《ひと》のせいにしているあなたに手紙《てがみ》を書《か》きます。

うまくいかないのは、お母《かあ》さんのせいだ。あの子《こ》のせいで失敗《しっぱい》してしまった。こんな考《かんが》え方《かた》をしていませんか。確《たし》かに少《すこ》し気持《きも》ちは楽《らく》になるかもしれません。しかし、この時《とき》に起《お》きた失敗《しっぱい》や、うまくいかない現状《げんじょう》は変《か》わるでしょうか。きっと何《なに》一つ変《か》わらないでしょう。むしろ事態《じたい》はどんどん悪《わる》くなるはずです。「〜のせいで」と考《かんが》え始《はじ》めた時《とき》、必《かなら》ず自分《じぶん》はにげています。あまったれています。早《はや》くこんな考《かんが》えからぬけ出《だ》しましょう。

いい言葉《ことば》があります。「とにかく自分《じぶん》でなんとかする」です。人《ひと》のせいになんてしているひまはありません。動《うご》かない事態《じたい》を変《か》えるには、自分《じぶん》で動《うご》くしかないのです。「とにかく自分《じぶん》でなんとかする」と考《かんが》えて、できることから手当《てあ》たり次第《しだい》試《ため》す。失敗《しっぱい》したら、また次《つぎ》の手《て》を考《かんが》えて行動《こうどう》する。ジタバタして苦《くる》しいかもしれません。しかし、人《ひと》は「自分《じぶん》でなんとかするパワー」で成長《せいちょう》していくものです。人《ひと》のせいにばかりしている人《ひと》は、一度《いちど》きりの人生《じんせい》までも人《ひと》のせいにしてしまいます。そんなのもったいないですよね。あなたの人生《じんせい》は、あなたのものなのですから。

「とにかく自分《じぶん》でなんとかする」と決《き》めて動《うご》く。これを続《つづ》けてみてください。そのうち周囲《しゅうい》があなたをこう言《い》うはずです。「リーダーシップがある人《ひと》だね」と。

異性《いせい》が気《き》になるあなたへ

あなたに手紙《てがみ》を書《か》きます。異性《いせい》が気《き》になるあなたに手紙《てがみ》を書《か》きます。

好《す》きな人《ひと》ができたみたいですね。すばらしい。だれかを好《す》きになるのはとても大切《たいせつ》なことなんだよ。

古《ふる》いマンガの話《はなし》をします。それは『エースをねらえ！』という今《いま》から40年《ねん》も前《まえ》のテニスを題材《だいざい》にしたマンガです。主人公《しゅじんこう》の岡《おか》ひろみを好《す》きな藤堂貴之《とうどうたかゆき》に対《たい》し、テニスを指導《しどう》する宗方仁《むなかたじん》コーチがこう言《い》います。「男《おとこ》なら女《おんな》の成長《せいちょう》をさまたげるような愛《あい》し方《かた》はするな」と。

大学生《だいがくせい》のころにこのマンガを読《よ》んで以来《いらい》、私《わたし》の頭《あたま》の中《なか》にずっとこの言葉《ことば》が残《のこ》っています。

好《す》きな異性《いせい》がいる。その子《こ》がスポーツに打《う》ちこんでいる。受験勉強《じゅけんべんきょう》をしている。そんなことよりも自分《じぶん》にふり向《む》いてほしいし、いっしょに話《はな》したい。

　でも、それが好《す》きな異性《いせい》の成長《せいちょう》をはばむものであるならば、あなたの「好《す》き」は身勝手《みがって》な「好《す》き」なのです。その子《こ》が努力《どりょく》し、成長《せいちょう》する姿《すがた》を好《す》きになる。難《むずか》しいことです。だって、あなたも努力《どりょく》しないと置《お》いてきぼりになってしまうから。嫉妬《しっと》したり、やっかんだりすると、小《ちい》さな人間《にんげん》になってしまいます。異性《いせい》の「成長《せいちょう》をさまたげない」ためには、自《じ》分《ぶん》も成長《せいちょう》しなくてはいけません。スポーツに打《う》ちこんだり、勉強《べんきょう》の成績《せいせき》を上《あ》げたりと、あなたもやらなくてはいけないのです。

　人《ひと》を好《す》きになるのはとてもすてきなこと。そして、「人《ひと》の成長《せいちょう》」を好《す》きになるのはもっともっとすばらしいのです。成功《せいこう》を祈《いの》ります。うまくいったらお手紙《てがみ》ください。

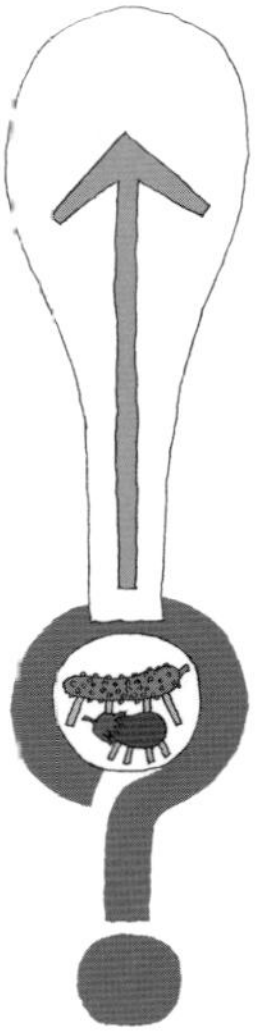

お父《とう》さんやお母《かあ》さんの故郷《こきょう》へ帰《かえ》るあなたへ

あなたに手紙《てがみ》を書《か》きます。お盆《ぼん》にお父《とう》さんやお母《かあ》さんの故郷《こきょう》へ帰《かえ》るあなたに手紙《てがみ》を書《か》きます。

とうとつですが、世界一古《せかいいちふる》い国《くに》はどこでしょう。それは日本だといわれています。

紀元前《きげんぜん》660年から続《つづ》いているといわれる日本には、先祖《せんぞ》から受《う》けついだ伝統行事《でんとうぎょうじ》がたくさんあります。先祖《せんぞ》の霊《れい》をむかえるお盆《ぼん》も、疫病《えきびょう》の多《おお》い季節《きせつ》に各地《かくち》で行《おこな》われる夏祭《なつまつ》りも、日本人《じん》が守《まも》り続《つづ》けてきた風習《ふうしゅう》や伝統《でんとう》の一つです。

天変地異《てんぺんちい》があっても、戦争《せんそう》が起《お》きても、私《わたし》たちの先祖《せんぞ》は、受《う》けついできた「伝統《でんとう》の灯火《とうか》」を絶《た》やすことはありませんでした。

どうやって伝統《でんとう》を守《まも》り、続《つづ》けてきたのでしょうか。そのヒントが、500年近《ねんちか》く続《つづ》く和菓子屋《わがしや》さんの言葉《ことば》の中《なか》にあります。「伝統《でんとう》は革新《かくしん》の連続《れんぞく》である」。伝統《でんとう》はただ同《おな》じことをくり返《かえ》していたのでは続《つづ》きません。絶《た》えず工夫《くふう》し、新《あたら》しい考《かんが》えを取《と》り入《い》れ、革新《かくしん》して守《まも》っていくものなのです。

　同《おな》じお祭《まつ》りでも、江戸時代《えどじだい》と今《いま》では集《あつ》まる人《ひと》の考《かんが》えも交通事情《こうつうじじょう》もちがいます。昔《むかし》にこだわるだけでは伝統《でんとう》は途絶《とだ》えてしまうのです。

　だからあなたも「どうすればこのお祭《まつ》りを続《つづ》けることができるだろう」「もっとお盆《ぼん》にみんなが集《あつ》まるようにするにはどうしたらいいだろう」と考《かんが》えてみてください。そこで生《う》まれた工夫《くふう》が、次《つぎ》の伝統《でんとう》につながります。世《せ》界最古《かいさいこ》の国《くに》を継続《けいぞく》する力《ちから》になるのです。

　夏休《なつやす》み、日本の伝統行事《でんとうぎょうじ》をいっぱい味《あじ》わってくださいね。

勇気《ゆうき》を出《だ》したいあなたへ

あなたに手紙《てがみ》を書《か》きます。勇気《ゆうき》を出《だ》したいあなたに手紙《てがみ》を書《か》きます。

あなたの目《め》の前《まえ》には今《いま》、不安《ふあん》や恐怖《きょうふ》があることでしょう。勇気《ゆうき》は、経験《けいけん》したことのないものに飛《と》びこむ時《とき》に必要《ひつよう》なもの。初《はじ》めてだから、こわい。知《し》らないからおじけづく。だからこそ勇《いさ》ましい心《こころ》が大切《たいせつ》になるのです。

どんなに頭《あたま》がよくても、腕《うで》っぷしが強《つよ》くても、初《はじ》めてのことはだれでもこわい。「失敗《しっぱい》したらどうしよう」と不安《ふあん》になるのは当然《とうぜん》です。

どうすれば勇気《ゆうき》がわいてくるでしょう。「よし、いける！」と自信《じしん》を持《も》てるでしょう。

これは「アンパンマン」をえがいたやなせたかしさんの言葉《ことば》です。

「もし自信《じしん》をなくしてくじけそうになった

ら、いいことだけを思《おも》い出《だ》せ」
未来《みらい》が不安《ふあん》ばかりなら、勇気《ゆうき》は出《で》ません。過去《かこ》をふり返《かえ》り、楽《たの》しかったこと、元気《げんき》が出《で》たことを思《おも》い出《だ》す。「私《わたし》だってやればできたじゃないか！」と自信《じしん》をとりもどしていく。勇気《ゆうき》を出《だ》す源《みなもと》は、「いい思《おも》い出《で》」にあるのです。

やってみてください。これまでの自分《じぶん》を肯《こう》定《てい》すれば、未来《みらい》に立《た》ち向《む》かう自分《じぶん》も肯定《こうてい》できます。「初《はじ》めてだって、私《わたし》ならできる」、そんな勇気《ゆうき》がわいてくるはずです。

「勇気《ゆうき》とは自分《じぶん》を信《しん》じること」。その信《しん》じられる自分《じぶん》は、過去《かこ》の「いい思《おも》い出《で》」の中《なか》にいるのです。

勇気《ゆうき》を出《だ》しましょう。過去《かこ》のあなたが応援《おうえん》しているはずですよ。

議論《ぎろん》に強《つよ》くなりたいあなたへ

あなたに手紙《てがみ》を書《か》きます。議論《ぎろん》に強《つよ》くなりたいあなたに手紙《てがみ》を書《か》きます。

意見《いけん》を否定《ひてい》されるのはつらいですね。自分《じぶん》の全部《ぜんぶ》を拒絶《きょぜつ》されたようで落《お》ちこみます。議《ぎ》論《ろん》に強《つよ》くなる方法《ほうほう》はあるのでしょうか。

私《わたし》はこれをフランス人《じん》の小学生《しょうがくせい》に習《なら》いました。友人《ゆうじん》のむすめさんです。

お父《とう》さんが突然《とつぜん》、「ピクニックに行《い》く！」と言《い》い出《だ》しました。お母《かあ》さんは「日曜日《にちようび》は渋滞《じゅうたい》がひどい」「駐車場《ちゅうしゃじょう》もない」と反対《はんたい》です。

女《おんな》の子《こ》がノートを持《も》ってきました。開《ひら》いた左《ひだり》ページの真《ま》ん中《なか》に横線《よこせん》を引《ひ》きます。二つに分《わ》かれた上《うえ》の部分《ぶぶん》に、お父《とう》さんがピクニックに賛成《さんせい》する理由《りゆう》を書《か》きます。下《した》にはお母《かあ》さんの反対意見《はんたいいけん》を書《か》きます。右《みぎ》ページは、真《ま》っ白《しろ》です。女《おんな》の子《こ》は、そこを指《ゆび》さして「賛成《さんせい》と反《はん》対《たい》の意見《いけん》をながめながら、一番《いちばん》いい解決策《かいけつさく》をみんなで書《か》いていきましょう」と言《い》いました。

これは哲学者《てつがくしゃ》ヘーゲルが作《つく》った「弁証法《べんしょうほう》」という考《かんが》え方《かた》です。フランスでは議論《ぎろん》の時《とき》に、子《こ》どもでも使《つか》います。「賛成《さんせい》」「反対《はんたい》」をだれが言《い》ったかは関係《かんけい》ありません。両方《りょうほう》の意見《いけん》を参考《さんこう》にしながら、みんなでいっしょに「一番《いちばん》いい解決策《かいけつさく》」を探《さが》していきます。こうすれば今日《きょう》、あなたが議論《ぎろん》で否定《ひてい》された意見《いけん》も「一《いち》番《ばん》いい解決策《かいけつさく》」を導《みちび》く大切《たいせつ》な材料《ざいりょう》に大変身《だいへんしん》です。

議論《ぎろん》の席《せき》で反対《はんたい》されてもくよくよしないこと。「よい判断材料《はんだんざいりょう》をありがとう」と堂々《どうどう》としていましょう。

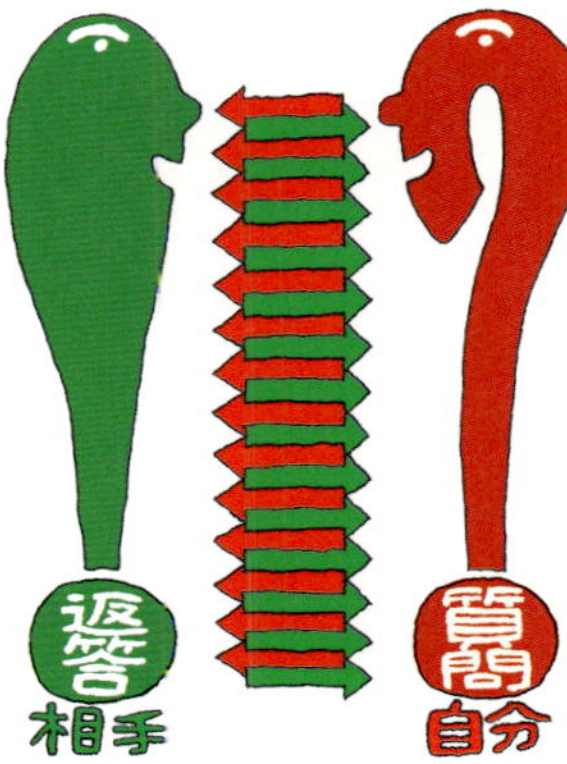

自分勝手《じぶんかって》なあなたへ

あなたに手紙《てがみ》を書《か》きます。自分勝手《じぶんかって》なあなたに手紙《てがみ》を書《か》きます。

「人《ひと》から自分勝手《じぶんかって》と言《い》われます。どうすれば直《なお》りますか」と手紙《てがみ》をくれたあなた。とっておきの方法《ほうほう》を二つ教《おし》えます。

あなたが一日《いちにち》しゃべったことを全部録音《ぜんぶろくおん》したとします。自分勝手《じぶんかって》なあなたには、しゃべり方《かた》に大《おお》きな特徴《とくちょう》があるはずです。それは主《しゅ》語《ご》が全部《ぜんぶ》「私《わたし》」になっていること。「私《わたし》はこう思《おも》っている」「私《わたし》はこれをやりたい」「私《わたし》は好《す》きじゃない」と、語《かた》っている内容《ないよう》は「私《わたし》」の話《はなし》ばかりです。「私《わたし》」ばかりで語《かた》っていれば、行動《こうどう》も私中心《わたしちゅうしん》になっちゃうよね。

そこで一つ目《め》の方法《ほうほう》です。主語《しゅご》を「あなた」にかえる。「あなたはどう思《おも》っているの」「あなたは何《なに》をやりたいの」「あなたはどれが好《す》きなの」と相手《あいて》にたずねて答《こた》えを引《ひ》き出《だ》しましょう。これだけで人《ひと》の話《はなし》をよく聞《き》けるようになります。

もう一つの方法《ほうほう》です。相手《あいて》の話《はなし》をバットで打《う》ち返《かえ》さないこと。「それはちがう」とすぐに反論《はんろん》してはいけません。バットを置《お》いて、ミットをはめて話《はなし》を受《う》け止《と》めるのです。相手《あいて》の話《はなし》をだまって聞《き》く時間《じかん》を作《つく》れば、「自分勝《じぶんかっ》手《て》」なふるまいは自然《しぜん》にできなくなるものです。

「自分勝手《じぶんかって》」を直《なお》すのは一人ではできません。相手《あいて》への態度《たいど》を変《か》えて初《はじ》めて直《なお》るものです。これはすぐにできますね。目《め》の前《まえ》にいる人《ひと》から試《ため》してごらん。試《ため》した途端《とたん》「自分勝手《じぶんかって》」から卒業《そつぎょう》できますよ。

リラックスしたいあなたへ

あなたに手紙《てがみ》を書《か》きます。リラックスしたいあなたに手紙《てがみ》を書《か》きます。

子《こ》どもだってストレスはあります。テストもあるし、人間関係《にんげんかんけい》だって複雑《ふくざつ》です。大人《おとな》のようにお酒《さけ》も飲《の》めないし、一人でふらりと旅《たび》に出《で》ることもできません。大人《おとな》よりも子《こ》どもの方《ほう》が、心《こころ》の安《やす》らぐ時間《じかん》がないかもしれません。

手軽《てがる》にリラックスするにはどうすればいいか。こっそり教《おし》えてあげましょう。それは「鼻歌《はなうた》」です。自分《じぶん》の好《す》きな歌《うた》を歌《うた》ってみる。ハミングでもかまいません。好《す》きなように歌《うた》いましょう。

「鼻歌《はなうた》」って不思議《ふしぎ》なんだよ。陽気《ようき》で楽《たの》しい時《とき》だけに、思《おも》わず出《で》るものなのです。

心理学《しんりがく》に、「悲《かな》しいから泣《な》くのではない。

泣《な》くから悲《かな》しいのだ」という言葉《ことば》があります。「鼻歌《はなうた》」も同《おな》じこと。「うれしいから歌《うた》うのではない。歌《うた》うからうれしくなるのだ」と逆転《ぎゃくてん》すれば、歌《うた》えば歌《うた》うほど心《こころ》がほぐれて、リラックスしてくるはずです。

歌《うた》う場所《ばしょ》は、やっぱりお風呂《ふろ》が一番《いちばん》。心身《しんしん》を温《あたた》めて、大《おお》きな声《こえ》で歌《うた》ってみましょう。調子《ちょうし》っぱずれでも、歌詞《かし》を忘《わす》れてもかまいません。自分《じぶん》が気持《きも》ちよくなるように何度《なんど》もくり返《かえ》して歌《うた》うのがコツです。

私《わたし》もしょっちゅう歌《うた》っています。得意《とくい》な歌《うた》は「ふじの山《やま》」です。「あたまを雲《くも》の上《うえ》に出《だ》し、四方《しほう》の山《やま》をみおろして」と歌《うた》うと、心《こころ》に青空《あおぞら》が広《ひろ》がります。爽快《そうかい》な気分《きぶん》になれるのです。

もし、もっと気持《きも》ちよくなれる歌《うた》があったら私《わたし》に教《おし》えてくださいね。

死《し》について考《かんが》えたことのある あなたへ

あなたに手紙《てがみ》を書《か》きます。死《し》について考《かんが》えたことのあるあなたに手紙《てがみ》を書《か》きます。

子《こ》どものころ、セキセイインコを飼《か》っていました。朝《あさ》、玄関《げんかん》の高《たか》いところに鳥《とり》かごをつるし、夕方《ゆうがた》には家《いえ》に入《い》れる。それが私《わたし》の役目《やくめ》でした。

ある夕方《ゆうがた》。鳥《とり》かごをおろしたところで、友《とも》だちからボール遊《あそ》びにさそわれました。私《わたし》は鳥《とり》かごを入《い》れないまま10分《ぷん》ほどその場《ば》を離《はな》れたのです。もどってきて目《め》を疑《うたが》いました。インコは血《ち》だらけでした。ネコが鳥《とり》かごに手《て》を入《い》れてしまったのです。自分《じぶん》の不注意《ふちゅうい》で、インコは死《し》んでしまいました。時間《じかん》はもどりません。死《し》んだインコは絶対《ぜったい》に帰《かえ》ってきません。私《わたし》は泣《な》きました。自分《じぶん》を責《せ》めました。親《おや》に「もう動物《どうぶつ》は飼《か》わない」と言《い》われました。何《なん》度《ど》もインコの夢《ゆめ》を見《み》ました。

ほんのわずかな不注意《ふちゅうい》が取《と》り返《かえ》しのつかないことになる。この日《ひ》を境《さかい》に、「死《し》」は遠《とお》くにあるのではなく、手《て》をぬけばすぐにやってくるこわいものだと考《かんが》えるようになりました。

信号《しんごう》をちょっと無視《むし》しただけで、「死《し》」はすぐ近《ちか》くに現《あらわ》れます。危険《きけん》なことをすれば部屋《へや》でも、学校《がっこう》でも、どこでも「死《し》」はやってきます。わずかな気《き》のゆるみが命《いのち》とりになるのです。

十分反省《じゅうぶんはんせい》した私《わたし》に、両親《りょうしん》は犬《いぬ》をあたえてくれました。大事《だいじ》に大事《だいじ》に育《そだ》てた犬《いぬ》は、天寿《てんじゅ》を全《まっと》うしました。「命《いのち》を大切《たいせつ》にすること」をインコが教《おし》えてくれたのです。私《わたし》は今《いま》もこの教《おし》えを守《まも》り続《つづ》けています。

うそをついているあなたへ

あなたに手紙《てがみ》を書《か》きます。うそをついているあなたに手紙《てがみ》を書《か》きます。

心配《しんぱい》しないでください。私《わたし》だってうそをつくことがあります。失敗《しっぱい》の言《い》いわけやカッコつけたい時《とき》、うそをついてしまいます。そして、いつも手痛《ていた》いしっぺ返《がえ》しをくらっています。

なぜばれるのだろう。用心深《ようじんぶか》く言葉《ことば》を選《えら》んだはずなのに。本人《ほんにん》はそう思《おも》っていても、あっという間《ま》にうそはばれるものです。

なぜうそは見《み》ぬかれてしまうのでしょう。研究《けんきゅう》によればうそをつく時《とき》、人間《にんげん》はだれもが同《おな》じような態度《たいど》になるからだそうです。やけに形式《けいしき》ばって人《ひと》と距離《きょり》を置《お》こうとしたり、聞《き》いてもいないのに細《こま》かいところまで説明《せつめい》したりしてしまう。だれにもあてはまる「うそつきの法則《ほうそく》」があるようです。
うその内容《ないよう》を吟味《ぎんみ》する前《まえ》に、態度《たいど》でばれてしまうのです。私《わたし》の経験《けいけん》では、親《おや》は１００％《パーセント》、こちらのうそを見《み》ぬきます。生《う》まれた時《とき》からいっしょなのですから仕方《しかた》ありません。

あなたが今《いま》ついているうそも、もうとっくに親《おや》や友《とも》だちは見《み》ぬいているはずです。そのうそにうそを重《かさ》ねたところで、またばれるだけ。やればやるほど心《こころ》が弱《よわ》くなり、オドオドし、人相《にんそう》が悪《わる》くなってしまいます。

「うそは、すでにばれている」。そう思《おも》っていてまちがいないでしょう。早《はや》めに手当《てあ》てをすれば傷《きず》は浅《あさ》くてすみます。

さぁ、ここが勇気《ゆうき》の出《だ》しどころだ。謝《あやま》ってスッキリしちゃおうぜ！

がまんができないあなたへ

あなたに手紙《てがみ》を書《か》きます。がまんができないあなたに手紙《てがみ》を書《か》きます。

ラグビーワールドカップの日本代表《だいひょう》が、めざましい活躍《かつやく》をしましたね。エディ・ジョーンズ監督《かんとく》のもと、世界《せかい》で一番厳《いちばんきび》しい練習《れんしゅう》にたえて、おどろくほど強《つよ》くなりました。選手《せんしゅ》たちは、よほどがまん強《づよ》かったのでしょう。弱音《よわね》をはかず、黙々《もくもく》と練習《れんしゅう》を続《つづ》けたにちがいありません。

と、ここまで書《か》いて、私《わたし》に疑問《ぎもん》がわいてきました。本当《ほんとう》に言《い》いたいことも言《い》わず、自分《じぶん》をおし殺《ころ》してたえることは立派《りっぱ》なことなんだろうか。まるでイジメのような命令《めいれい》をされても言《い》いたいことを言《い》わずにがまんしてしまう。それはよくないことではないか。

そうなんです。がまんは美徳《びとく》ではありませ

ん。がまんとは、考《かんが》えもなくひたすらたえること。がまんしただけでは、ラグビーの選手《せんしゅ》はあんなに強《つよ》くなれなかったでしょう。

かれらが厳《きび》しい練習《れんしゅう》にたえられた態度《たいど》は「がまん」ではありません。それは「辛抱《しんぼう》」です。辛抱《しんぼう》は、目標《もくひょう》に到達《とうたつ》するために、ゆるぎない向上心《こうじょうしん》をもってたえること。ラガーマンたちは、辛抱《しんぼう》して強《つよ》くなったのです。

あなたも同《おな》じです。夢《ゆめ》も希望《きぼう》もなく、ただがまんする必要《ひつよう》はありません。そんな時《とき》は、大声《おおごえ》で助《たす》けを求《もと》めてかまいません。ただし、夢《ゆめ》や目標《もくひょう》があるならば、実現《じつげん》に向《む》けて辛抱《しんぼう》しましょう。歯《は》をくいしばりましょう。

がまん強《づよ》くではなく、辛抱強《しんぼうづよ》くなる。これができればあなたは、世界《せかい》がおどろくほど成《せい》長《ちょう》できるはず。辛抱《しんぼう》しようぜ！

緊張《きんちょう》してしまうあなたへ

あなたに手紙《てがみ》を書《か》きます。緊張《きんちょう》してしまうあなたに手紙を書きます。

明日《あす》、あなたは大勢《おおぜい》の人《ひと》の前《まえ》で発表《はっぴょう》しなくてはいけません。たくさんのひとみが、あなた一人に注《そそ》がれます。「失敗《しっぱい》したらどうしよう」とか、「言《い》うことを忘《わす》れて、頭《あたま》が真《ま》っ白《しろ》になったらどうしよう」とか、そう考《かんが》えると心《しん》臓《ぞう》がドキドキして眠《ねむ》ることができません。さぁ、困《こま》った。緊張《きんちょう》をとる方法《ほうほう》はあるのでしょうか。

はい、だいじょうぶです。二つの方法《ほうほう》を試《ため》してください。一つ目《め》は、発表《はっぴょう》の少《すこ》し前《まえ》に、ぴょんぴょんとその場跳《ばと》びをします。緊張《きんちょう》してこわばった体《からだ》をほぐすのに、大変効果的《たいへんこうかてき》な方法《ほうほう》です。跳《と》べば体《からだ》がびっくりして、全神経《ぜんしんけい》でバランスをとろうとします。その瞬間《しゅんかん》、一《いっ》気《き》に緊張《きんちょう》が吹《ふ》き飛《と》ぶのです。イチロー選手《せんしゅ》もバッターボックスに入《はい》る前《まえ》によく跳《と》んでいますよね。

もう一つの方法《ほうほう》は、呪文《じゅもん》です。「かかってこい！」と、心《こころ》の中《なか》でさけびます。小《ちい》さくつぶやくだけでもいいでしょう。開《ひら》き直《なお》って、自分《じぶん》から攻《せ》めていくイメージです。失敗《しっぱい》したって死《し》ぬわけじゃない。一つも失敗《しっぱい》せず、完璧《かんぺき》にやろうとするから緊張《きんちょう》するのです。6割《わり》の成功《せいこう》で十分《じゅうぶん》。そのくらいの気持《きも》ちで大勢《おおぜい》の前《まえ》に立《た》ちましょう。

どんなに度胸《どきょう》のある人《ひと》でも緊張《きんちょう》しない人《ひと》はいません。むしろ緊張《きんちょう》するからこそ、人《ひと》は話《はなし》をちゃんと聞《き》いてくれるのです。胸《むね》を張《は》っていきましょう。目《め》を見開《みひら》いて、「かかってこい！」です。

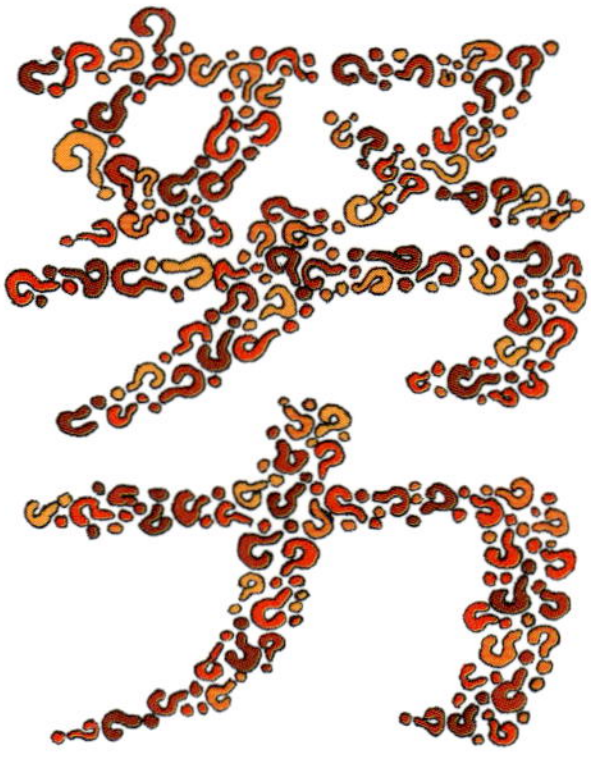

努力《どりょく》が苦手《にがて》なあなたへ

あなたに手紙《てがみ》を書《か》きます。努力《どりょく》が苦手《にがて》なあなたに手紙《てがみ》を書《か》きます。

私《わたし》にはきらいな言葉《ことば》がいくつかあります。その一つが「努力《どりょく》」です。「努力《どりょく》が足《た》りない」と言《い》われると、自分《じぶん》が全部《ぜんぶ》否定《ひてい》されたような気分《きぶん》になります。逆《ぎゃく》に「今《いま》、私《わたし》は努力《どりょく》しているんだ」と思《おも》うと、努力《どりょく》している自分《じぶん》によってしまい、結局《けっきょく》たいして進《すす》まなかったりするのです。

「努力《どりょく》」と聞《き》くと、肩《かた》に力《ちから》が入《はい》っていけません。プレッシャー（精神的《せいしんてき》な圧力《あつりょく》）に弱《よわ》い私《わたし》はすぐに気持《きも》ちで負《ま》けてしまうのです。

しかし、努力《どりょく》をきらってばかりはいられません。努力《どりょく》しなければ前《まえ》に進《すす》めないことはいっぱいあります。簡単《かんたん》そうに見《み》えるものでも、始《はじ》める時《とき》にはだれでも努力《どりょく》が必要《ひつよう》なのです。

私《わたし》は努力《どりょく》が必要《ひつよう》な時《とき》は、「努力《どりょく》」の代《か》わりに「工夫《くふう》」という言葉《ことば》を使《つか》うようにしています。「努力《どりょく》しよう」ではなく「工夫《くふう》しよう」と言《い》った途端《とたん》、気持《きも》ちが軽《かる》くなって、次々《つぎつぎ》とアイデアが出《で》てくる感《かん》じになれるのです。「もっと楽《たの》しくするにはどうすればいいか」「もっと効率《こうりつ》よくやるには何《なに》が必要《ひつよう》か」。そんなことを考《かんが》えて創意工夫《そういくふう》を重《かさ》ねていくと、あまりプレッシャーを感《かん》じることなく、前《まえ》に進《すす》めます。やっていることは同《おな》じでも頭《あたま》がずっと働《はたら》くのです。

苦《くる》しかった受験勉強《じゅけんべんきょう》も「工夫《くふう》」を重《かさ》ねることで乗《の》りきりました。努力《どりょく》が苦手《にがて》なあなたもぜひ、試《ため》してみてください。効果《こうか》、ありますよ。

優等生《ゆうとうせい》のあなたへ

あなたに手紙《てがみ》を書《か》きます。優等生《ゆうとうせい》のあなたに手紙《てがみ》を書《か》きます。

「優等生《ゆうとうせい》」には二つの意味《いみ》があります。一つは、成績《せいせき》や品行《ひんこう》が特《とく》に優《すぐ》れている人《ひと》であること。もう一つは、言《い》うことにそつがなくて、個性《こせい》やおもしろみに欠《か》ける人《ひと》のこと。残念《ざんねん》ながら、多《おお》くの場合《ばあい》は後者《こうしゃ》の「おもしろみのない人《ひと》」という意味《いみ》で「優等生《ゆうとうせい》」は使《つか》われます。

では、どうして成績《せいせき》や品行《ひんこう》がいいと、おもしろみや個性《こせい》がないと思《おも》われるのでしょう。一生懸命勉強《いっしょうけんめいべんきょう》し、いい子《こ》にしているのに、なぜつまらない人《ひと》と言《い》われてしまうのでしょう。

それは「おもしろみ」や「個性《こせい》」の特徴《とくちょう》に原因《げんいん》があります。これらの多《おお》くは、人《ひと》の「欠《けっ》点《てん》」から生《う》まれてくることが多《おお》いからです。みんなができることができない。大《おお》きなミスをしでかした。トンチンカンなことを言《い》って笑《わら》われる。優等生《ゆうとうせい》から見《み》ればただの失敗《しっぱい》で、かっこ悪《わる》いことに見《み》えるかもしれません。しかし、ここに「おもしろみの種《たね》」があるのです。一つのことはものすごくできるのに、後《あと》のことはてんでできない。そのバランスを欠《か》いた感《かん》じが「個性《こせい》」へと発展《はってん》するのです。

優等生《ゆうとうせい》だって失敗《しっぱい》もするし、かっこ悪《わる》い時《とき》もある。だれにでもあるかっこ悪《わる》い姿《すがた》をさらけ出《だ》す覚悟《かくご》ができれば、もとより優秀《ゆうしゅう》なあなたは、人間味《にんげんみ》のある本物《ほんもの》の優等生《ゆうとうせい》になれるのです。自分《じぶん》を守《まも》るだけの優等生《ゆうとうせい》から自分《じぶん》をさらけ出《だ》せる優等生《ゆうとうせい》へ。これができればあなたはスーパースターです。

正義《せいぎ》について考《かんが》えているあなたへ

あなたに手紙《てがみ》を書《か》きます。正義《せいぎ》について考《かんが》えているあなたに手紙《てがみ》を書《か》きます。

2015年11月13日金曜日《きんようび》の夜《よる》、フランス・パリのコンサートホールやサッカー場《じょう》などを同《おな》じ時間《じかん》におそうテロが起《お》きました。悲《かな》しみや怒《いか》りが世界中《せかいじゅう》をおおいました。

テロリストたちは、自分《じぶん》たちのやっていることが「正義《せいぎ》」だと言《い》っています。これって本当《ほんとう》でしょうか。「正義《せいぎ》」ってどんな意味《いみ》なのでしょうか。

辞書《じしょ》を引《ひ》けば、「正義《せいぎ》」とは「正《ただ》しい道理《どうり》」と出《で》てきます。わからないよね。これを読《よ》んだらテロリストたちも「私《わたし》たちは正《ただ》しかった」と思《おも》うかもしれません。

では、これはどうでしょうか。「アンパンマン」をえがいたやなせたかしさんの言葉《ことば》です。

「正義《せいぎ》とは実《じつ》は簡単《かんたん》なことなのです。困《こま》っている人《ひと》を助《たす》けること。ひもじい思《おも》いをしている人《ひと》に、パンの一切《ひとき》れを差《さ》し出《だ》す行為《こうい》を『正義《せいぎ》』と呼《よ》ぶのです」

やなせさんは、「困《こま》っている人《ひと》を助《たす》けること」を「正義《せいぎ》」だと言《い》っています。自分《じぶん》の顔《かお》のパンをちぎって人《ひと》にあたえてしまう「アンパンマン」そのものですね。

この言葉《ことば》に照《て》らして、パリで起《お》きたテロ行為《こうい》を見《み》ると、明《あき》らかに彼《かれ》らの行《おこな》いが「正義《せいぎ》」とはちがうことがわかります。

あなたには、正《ただ》しい「正義《せいぎ》の味方《みかた》」になってほしい。「アンパンマン」になりましょう。

欲《よく》ばりなあなたへ

あなたに手紙《てがみ》を書《か》きます。欲《よく》ばりなあなたに手紙《てがみ》を書《か》きます。

あれも欲《ほ》しい。これも欲《ほ》しい。人《ひと》が持《も》っているものが欲《ほ》しい。何《なん》でもかんでも欲《ほ》しがる欲《よく》ばりなあなた。ちょっと落《お》ちついて考《かんが》えてみましょう。

中国《ちゅうごく》の老子《ろうし》が「足《た》るを知《し》るものは富《と》む」と説《と》いています。満足《まんぞく》することを知《し》っている人《ひと》は、心豊《こころゆた》かに生《い》きられるという意味《いみ》です。

残念《ざんねん》ながら今《いま》のあなたは満足《まんぞく》することを知《し》らないようです。欲《ほ》しいものが手《て》に入《はい》った瞬《しゅん》間《かん》に、もうそれを忘《わす》れて次《つぎ》のものが欲《ほ》しくなっている。ないものを無理《むり》をしてでも欲《ほ》しい「ないものねだり」になっている。これではいつまでたっても満《み》たされず、何《なに》を手《て》に入《い》れても感激《かんげき》することはありません。なんとかして「欲《ほ》しいグセ」を直《なお》していきましょう。

唱《とな》える言葉《ことば》は簡単《かんたん》です。「あれも、これも欲《ほ》しい」をやめて、「あれか、これかのどちらかが欲《ほ》しい」と言《い》ってみましょう。むやみに「欲《ほ》しい」と思《おも》うのではなく、一つ手《て》に入《い》れたら、もう一つは捨《す》てなければいけないと考《かんが》えます。こうすると、頭《あたま》が少《すこ》し冷《ひ》えてきて、二つを比較検討《ひかくけんとう》する気持《きも》ちが生《う》まれてきます。外《そと》に向《む》かって「欲《ほ》しい」と言《い》っていた感情《かんじょう》が、自分《じぶん》の心《こころ》に向《む》けて「今持《いまも》っているものと、これとでは、どちらを選択《せんたく》した方《ほう》がいいか」と静《しず》かにおさまってきます。本当《ほんとう》に満足《まんぞく》するには、選択眼《せんたくがん》が必要《ひつよう》なのです。それが「足《た》るを知《し》る」極意《ごくい》です。

贈《おく》り物《もの》をするあなたへ

あなたに手紙《てがみ》を書《か》きます。だれかに贈《おく》り物《もの》をするあなたに手紙《てがみ》を書《か》きます。

『賢者《けんじゃ》の贈《おく》り物《もの》』（オー・ヘンリー著《ちょ》）を知《し》っていますか。ジムとデラ。クリスマスなのに、たがいにプレゼントを買《か》うお金《かね》がありません。デラは髪《かみ》の美《うつく》しい女性《じょせい》でした。彼女《かのじょ》はその髪《かみ》を短《みじか》く切《き》ります。髪《かみ》を売《う》ってジムの時計《とけい》につける銀《ぎん》のくさりを買《か》います。

一方《いっぽう》のジム。彼《かれ》はデラにプレゼントを買《か》うために大切《たいせつ》な時計《とけい》を売《う》って、美《うつく》しい髪《かみ》をとく「くし」を買《か》うのです。

相手《あいて》の喜《よろこ》ぶ顔《かお》が見《み》たかった二人。でも、ジムの手元《てもと》にくさりをつける時計《とけい》はなく、デラの髪《かみ》は「くし」が必要《ひつよう》ないほどに短《みじか》くなってしまいました。

なんておろかなプレゼントでしょう。でも

オー・ヘンリーは、これが「賢者《けんじゃ》の贈《おく》り物《もの》」だと言《い》います。なぜでしょう。わかりますか。自分《じぶん》が犠牲《ぎせい》になっても、相手《あいて》の喜《よろこ》ぶ顔《かお》が見《み》たいと考《かんが》えたからです。相手《あいて》を思《おも》う心《こころ》をたがいに贈《おく》り合《あ》うことができたから「賢者《けんじゃ》の贈《おく》り物《もの》」なのです。

「愛《あい》する人《ひと》への贈《おく》り物《もの》はどうあるべきか」をこれ以上《いじょう》見事《みごと》に教《おし》えてくれるお話《はなし》を私《わたし》は知《し》りません。贈《おく》り物《もの》で一番大切《いちばんたいせつ》なことは、あなたの心《こころ》がどれだけこもっているか。相手《あいて》を思《おも》う全力《ぜんりょく》の気持《きも》ちです。

プレゼントを買《か》いにいくあなたへ。まず、相手《あいて》の喜《よろこ》ぶ顔《かお》を思《おも》いうかべてください。その笑顔《えがお》のためにあなたができるすべてのこと。それが「賢者《けんじゃ》の贈《おく》り物《もの》」です。値段《ねだん》は全《まった》く関係《かんけい》ありません。

素直《すなお》になれないあなたへ

あなたに手紙《てがみ》を書《か》きます。素直《すなお》になれないあなたに手紙《てがみ》を書《か》きます。

小学《しょうがく》3年生《ねんせい》の時《とき》、私《わたし》は通信簿《つうしんぼ》に「素直《すなお》な子《こ》どもです」と書《か》かれました。両親《りょうしん》は大変喜《たいへんよろこ》んでくれたのですが、これを素直《すなお》に喜《よろこ》ぶことができませんでした。

「素直《すなお》な子《こ》ども」って幼《おさな》い感《かん》じがしたのです。なんでも「はい、はい」と従順《じゅうじゅん》にしているだけ。そんなのかっこ悪《わる》いと感《かん》じました。

「素直《すなお》」と書《か》かれた私《わたし》は、素直《すなお》じゃなくなりました。心《こころ》に思《おも》ったことの反対《はんたい》の態度《たいど》をとったり、言《い》ったりしたのです。みんなと合《あ》わせることをやめ、考《かんが》えもなく口答《くちごた》えするようになりました。

「素直《すなお》じゃない」って、ちょっと不良《ふりょう》っぽくてかっこいい。そう考《かんが》え出《だ》していた時《とき》、先生《せんせい》に呼《よ》び出《だ》されました。

「ひきたくんって素直《すなお》って書《か》かれた途端《とたん》に素直《すなお》じゃなくなるところが、素直《すなお》なんだよね」

キツネにつままれたような話《はなし》でした。先生《せんせい》は、「ひきたくんは話《はなし》を聞《き》いて『そりゃそうだ』とか、『なるほどね』とか、まず肯定的《こうていてき》に受《う》け止《と》めるでしょ。それはすごい能力《のうりょく》なんだよ。宝物《たからもの》なんだよ」と言《い》ってくれました。私《わたし》は、「なるほど」と思《おも》ったのです。そう言《い》われると、いつも人《ひと》から話《はなし》を聞《き》くと「そりゃそうだ」と受《う》け止《と》めていました。これはすばらしいことなんだと知《し》って、また素直《すなお》になりました。今《いま》でもまず肯定的《こうていてき》に受《う》け止《と》めようと努《つと》めています。先生《せんせい》が言《い》った通《とお》り、素直《すなお》は私《わたし》の宝《たから》だと思《おも》っています。

ゴールデンエイジに拍手《はくしゅ》を送《おく》ろう

体《からだ》の神経回路《しんけいかいろ》が完成《かんせい》に向《む》かう9歳《さい》から12歳《さい》までを、スポーツの世界《せかい》では「ゴールデンエイジ」と言《い》います。脳《のう》が発達《はったつ》し、飛躍的《ひやくてき》に運動能力《うんどうのうりょく》が向上《こうじょう》します。動作《どうさ》を習得《しゅうとく》する力《ちから》も頂点《ちょうてん》に達《たっ》し、なわとびも、サッカーのドリブルも、水泳《すいえい》も、楽器《がっき》の習得《しゅうとく》も、「やった分《ぶん》だけ身《み》につく」と言《い》われています。

同時《どうじ》にこの時期《じき》は、感性《かんせい》も大《おお》いに発達《はったつ》します。絵《え》をかく力《ちから》も、本《ほん》を読《よ》む力《ちから》も、抽象的《ちゅうしょうてき》なことを考《かんが》える力《ちから》も、どんどんついてくるのです。

「朝日小学生新聞《あさひしょうがくせいしんぶん》」は、まさにゴールデンエイジに向《む》けて作《つく》られている新聞《しんぶん》です。学校《がっこう》や塾《じゅく》では教《おし》えきれない「爆発的《ばくはつてき》な成長《せいちょう》」に効果的《こうかてき》に応《こた》える記事《きじ》が並《なら》んでいます。

「大勢《おおぜい》の中《なか》のあなたへ」を書《か》くことが決《き》まった時《とき》、私《わたし》は「ゴールデンエイジ」に関《かん》する資料《しりょう》を読《よ》みあさりました。その結果《けっか》、「すぐに身《み》につけるけれど、すぐに忘《わす》れる」「あちこち目移《めうつ》りする」「目標《もくひょう》を持《も》つことが効果的《こうかてき》」といったことがわかりました。なかのよいお母《かあ》さんにたずねると、確《たし》かに「うちの子《こ》は信《しん》じられないほど忘《わす》れっぽい」「あきっぽくて困《こま》る」なんていう言葉《ことば》が返《かえ》ってきました。

お母《かあ》さん、心配《しんぱい》しないでください。それが「ゴールデンエイジ」が、爆発的《ばくはつてき》に成長《せいちょう》している証拠《しょうこ》なのです。

コラムには、「自分《じぶん》で料理《りょうり》して偏食《へんしょく》をなくす」「鏡《かがみ》の前《まえ》に立《た》って孤独《こどく》と戦《たたか》う」「愛着《あいちゃく》を持《も》って文具《ぶんぐ》と接《せっ》する」など、すぐに行動《こうどう》に移《うつ》せる小《ちい》さな知恵《ちえ》をたくさん盛《も》りこみました。「また会《あ》いたくなるのが友《とも》だち」「イジメは自分《じぶん》にはね返《かえ》ってくる」「進《すす》みながら強《つよ》くなろう」と、この時期《じき》に初《はじ》めて味《あじ》わう感情《かんじょう》に立《た》ち向《む》かうメッセージも入《い》れました。

しかし、だからと言《い》ってここに書《か》いたことを全部《ぜんぶ》子《こ》どもたちにおしつける気持《きも》ちはありません。1日、2日やっただけで忘《わす》れられてもいいと思《おも》っています。興味《きょうみ》を持《も》ったら、即《そく》、行動《こうどう》。もっと興味《きょうみ》を持《も》つものができたら、そっちを即《そく》、実行《じっこう》。あきたら次《つぎ》へ。こうしたサイクルの中《なか》で、あちこちの神経《しんけい》が刺激《しげき》され、広《ひろ》く、太《ふと》く、深《ふか》く、張《は》りめぐらされていくのです。

お母《かあ》さん、お父《とう》さんには、ぜひ、お子《こ》さんが「人生《じんせい》で最《もっと》も成長《せいちょう》する時期《じき》を過《す》ごしている」と心《こころ》に刻《きざ》み、勉強《べんきょう》ばかりでなく、運動《うんどう》も、読書《どくしょ》も、楽器《がっき》も、農作業《のうさぎょう》や地域《ちいき》の活動《かつどう》にもチャレンジさせてほしいのです。

このすばらしい時期《じき》を、だらだら過《す》ごすのはあまりにもったいない。多少《たしょう》あきっぽかったり、忘《わす》れっぽかったりしても、ニッコリ笑《わら》い、彼《かれ》らの果敢《かかん》な挑戦《ちょうせん》に拍手《はくしゅ》を送《おく》ってください。

ゴールデンエイジの一日《にち》は、私《わたし》たち大人《おとな》の何《なん》か月分《げつぶん》も価値《かち》のある時間《じかん》なのですから。

第《だい》2章《しょう》

がんばる力《ちから》をつけたいあなたへ

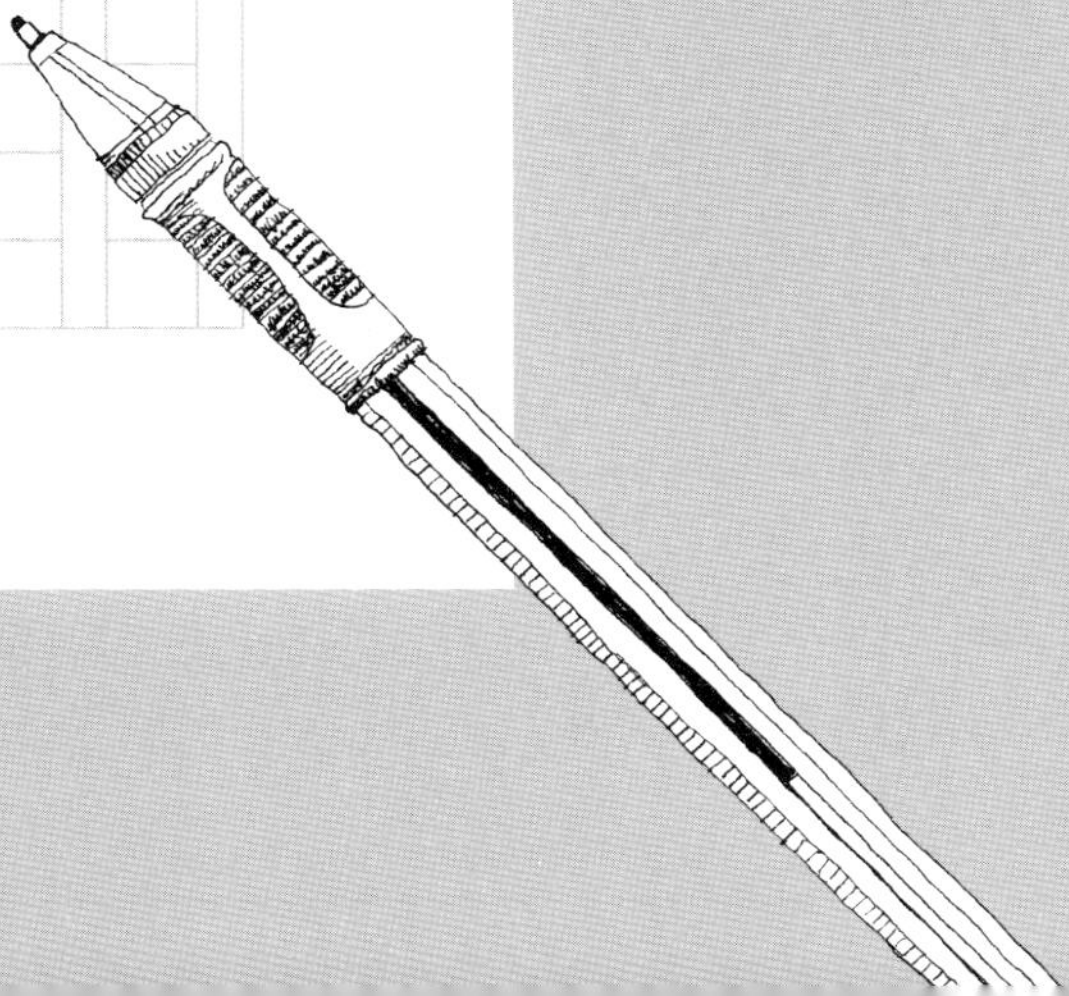

やる気《き》を出《だ》そうとしている あなたへ

あなたに手紙《てがみ》を書《か》きます。やる気《き》を出《だ》そうとしているあなたに手紙《てがみ》を書《か》きます。

桜前線《さくらぜんせん》が北上《ほくじょう》しています。花《はな》が散《ち》り、若葉《わかば》がかがやき始《はじ》めると、樹木《じゅもく》も人《ひと》もいっせいに成長《せいちょう》を始《はじ》めます。あなたもきっと、「今年《ことし》はいろいろなことにチャレンジしよう」と気合《きあい》を入《い》れていることでしょう。今朝《けさ》は、あなたのやる気《き》を長続《ながつづ》きさせるコツを伝授《でんじゅ》します。しっかり覚《おぼ》えてくださいね。

まずは、これまであなたが「今回《こんかい》はがんばれた」と思《おも》った時《とき》を思《おも》い出《だ》してください。その目的《もくてき》を達成《たっせい》するまでは、いつも以上《いじょう》に苦《くる》しくありませんでしたか。何度《なんど》も「無理《むり》かもしれない」と思《おも》いませんでしたか。実《じつ》はその「無理《むり》」の中《なか》に、やる気《き》のコツがかくされているのです。脳科学者《のうかがくしゃ》の茂木健一郎《もぎけんいちろう》さんは、人《にん》間《げん》の脳《のう》は「自分《じぶん》には無理《むり》かな」と思《おも》う状況《じょうきょう》を克服《こくふく》した時《とき》、一番喜《いちばんよろこ》びを感《かん》じるようにできていると言《い》っています。この脳《のう》の仕組《しく》みを利用《りよう》すれば、やる気《き》はずっと長続《ながつづ》きします。

　具体的《ぐたいてき》に書《か》きます。少《すこ》し背《せ》のびをしないと届《とど》かない高《たか》さに目標《もくひょう》を置《お》く。背《せ》のびした分《ぶん》だけ苦《くる》しさは増《ま》すけれど、「私《わたし》ならもう1問解《もんと》ける」「ぼくならあと5分走《ふんはし》れる」と、「私《わたし》ならできる」と、心《こころ》で何度《なんど》も唱《とな》えながら挑戦《ちょうせん》する。できたらわざと大《おお》きな声《こえ》で「やった！」「できた！」と言《い》いましょう。脳《のう》はますます喜《よろこ》んで、さらに高《たか》い目標《もくひょう》を克服《こくふく》したいと言《い》い出《だ》します。

　背《せ》のびをしましょう。

だいじょうぶ、あなたならできます。

人《ひと》の話《はなし》を聞《き》けないあなたへ

あなたに手紙《てがみ》を書《か》きます。人《ひと》の話《はなし》を聞《き》けないあなたに手紙《てがみ》を書《か》きます。

先生《せんせい》が目《め》の前《まえ》で話《はな》しているのに、頭《あたま》に内容《ないよう》が入《はい》ってこない。自分《じぶん》では聞《き》いているつもりなのに、何《なに》一つ思《おも》い出《だ》せない。どうしてでしょう。ちゃんと聞《き》いているはずなのに。

それはあなたが、耳《みみ》で聞《き》いていても、頭《あたま》で聞《き》いていないからです。せっかく相手《あいて》が話《はな》しているのに、あなたの頭《あたま》の中《なか》は、「この先生《せんせい》、好《す》きじゃないんだよなぁ」なんて気持《きも》ちがうずまいている。頭《あたま》の中《なか》に余計《よけい》な言葉《ことば》がたくさんあって、相手《あいて》の話《はなし》が入《はい》る余地《よち》がないのです。

人《ひと》の話《はなし》を聞《き》くには、「聞《き》く耳《みみ》コップ」を作《つく》る必要《ひつよう》があります。新《あたら》しい知識《ちしき》を入《い》れるためのコップが頭《あたま》の中《なか》にあるとイメージするのです。

初《はじ》めは、その中《なか》に自分《じぶん》の意見《いけん》や言葉《ことば》が入《はい》っています。それを全部流《ぜんぶなが》して、コップを空《から》にします。

空《から》になったコップにあなたが相手《あいて》から聞《き》きとった言葉《ことば》を入《い》れていきましょう。相手《あいて》を評《ひょう》価《か》することなく、相手《あいて》の立場《たちば》に立《た》って聞《き》きとります。相手《あいて》の言葉《ことば》を空気《くうき》のようにすいこみます。全身全霊《ぜんしんぜんれい》で聞《き》くのです。

相手《あいて》の言葉《ことば》が全部頭《ぜんぶあたま》に入《はい》ったら、今度《こんど》はあなたの番《ばん》です。コップの中《なか》から気《き》になった言《こと》葉《ば》や、わからない言葉《ことば》を取《と》り出《だ》して、相手《あいて》にぶつけていきましょう。相手《あいて》の言葉《ことば》を利用《りよう》して自分《じぶん》の意見《いけん》を作《つく》っていくのです。

ありのままを素直《すなお》に受《う》け入《い》れる「聞《き》く耳《みみ》コップ」は、どんな勉強《べんきょう》にも役《やく》に立《た》ちます。ぜひ頭《あたま》の中《なか》に作《つく》ってください。

やる気《き》が出《で》ないあなたへ

あなたに手紙《てがみ》を書《か》きます。夏休《なつやす》みが終《お》わって、やる気《き》が出《で》ないあなたに手紙《てがみ》を書《か》きます。そりゃ、やる気《き》が出《で》なくても仕方《しかた》ないよ。ひと月以上《つきいじょう》も休《やす》んだのですから。私《わたし》もやる気《き》が出《で》なくていつも困《こま》っています。「仕事《しごと》をしなくちゃいけない」それはわかっているけれど、体《からだ》と気持《きも》ちがなまけて動《うご》かないのです。

でも、よく考《かんが》えたら「やる気《き》、やる気《き》」と言《い》ってるうちは、何《なに》一つ解決《かいけつ》しないんだよね。「やる気《き》」の「気《き》」の字《じ》をとりのぞき、「やる！」とさけんで、まず動《うご》く。こうしないといつまでたってもダラダラしたままです。

やる気《き》を出《だ》すには、「やる」こと。つまり行《こう》動《どう》を起《お》こすこと。やっているうちに、後《あと》から「気《き》」の字《じ》がついてきて、「やる気《き》」が初《はじ》めて生《う》まれます。待《ま》っていても「やる気《き》」は天《てん》から降《ふ》ってこないんだよ。

「そうは言《い》っても、ダラダラ気分《きぶん》からぬけ出《だ》せないよ」。その気持《きも》ちもわかります。ではルールを決《き》めましょう。1回《かい》、「パン！」と手《て》をたたく。その音《おと》がしたら、どんな小《ちい》さなことでもいいから始《はじ》めます。パジャマを着《き》がえる。鉛筆《えんぴつ》をけずる。体操《たいそう》する。「パン！」という音《おと》で、ダラダラ気分《きぶん》を終《お》わりにし、小《ちい》さな「やる」を始《はじ》めましょう。一つ始《はじ》めれば、次《つぎ》の「やる」が見《み》えてきます。やり続《つづ》けると不思議《ふしぎ》に体《からだ》のだるさが消《き》えます。

約束《やくそく》しましょう。このコラムを読《よ》み終《お》えたら「パン！」と手《て》をたたきましょう。そして小《ちい》さな「やる」を始《はじ》めましょう。私《わたし》もやります。いっしょに「パン！」。

ゲームがやめられないあなたへ

あなたに手紙《てがみ》を書《か》きます。ゲームがやめられないあなたに手紙《てがみ》を書《か》きます。

ゲームをやりたい。授業《じゅぎょう》の時《とき》も、食事中《しょくじちゅう》も、お風呂《ふろ》に入《はい》っている時《とき》も、ずっとゲームをやっていたい。やめるとイライラしてくる。一人取《と》り残《のこ》されたような気《き》がしてくる。何《なに》も考《かんが》えられなくなる。もしそんな状態《じょうたい》になっていたら、それは「禁断症状《きんだんしょうじょう》」といって、やめることのできない一種《いっしゅ》の病気《びょうき》です。

そこまでひどくはないあなた。でも、ゲームからなかなかぬけ出《だ》せないあなた。いっしょに手《て》だてを考《かんが》えましょう。

メモ帳《ちょう》を1冊《さつ》用意《ようい》してください。表紙《ひょうし》に「レコーディング　ゲーム」と書《か》いてください。レコーディングとは「記録《きろく》」のこと。今日《きょう》からゲームをやった時間《じかん》をそのノートに書《か》きこみます。

初《はじ》めは無理《むり》してやめようと思《おも》わなくてもいいよ。その代《か》わり、正直《しょうじき》に記録《きろく》をつけていきましょう。今朝《けさ》も6時半《じはん》から7時半《じはん》まで、食事《しょくじ》の時間《じかん》までやっていたらそれを素直《すなお》につけましょう。夜《よる》も同《おな》じです。ウソは禁物《きんもつ》です。

こうして毎日《まいにち》ゲームをやった時間《じかん》を記録《きろく》しているうちに、どれだけの時間《じかん》を費《つい》やしているかが見《み》えてきます。「え？　全部《ぜんぶ》で7時間《じかん》もやっていた！」そう思《おも》えたら、しめたものです。だんだんとゲームの時間《じかん》を少《すく》なくしたいという気持《きも》ちが訪《おとず》れます。

ゲームのすべてが悪《わる》いわけではありません。何事《なにごと》にも限度《げんど》があるというお話《はなし》です。気《き》をつけてね。

ゴールデンウィークをむかえたあなたへ

あなたに手紙《てがみ》を書《か》きます。ゴールデンウィークをむかえたあなたに手紙《てがみ》を書《か》きます。今日《きょう》からほぼ1週間《しゅうかん》。たっぷり休《やす》めますね。と思《おも》ったら、ミヒャエル・エンデが書《か》いた『モモ』に出《で》てくる「時間泥棒《じかんどろぼう》」があなたのそばに来《き》たようです。

「1週間《しゅうかん》といえば60万《まん》４８００秒《びょう》。たっぷり時間《じかん》がある。よし、この子《こ》の連休《れんきゅう》の時間《じかん》を盗《ぬす》もう」。彼《かれ》らは人間《にんげん》に「時間《じかん》を効率的《こうりつてき》に使《つか》う方《ほう》が進歩的《しんぽてき》」とささやいて、人間《にんげん》が汗水《あせみず》たらして作《つく》った時間《じかん》を盗《ぬす》んでしまう悪者《わるもの》です。

「時間泥棒《じかんどろぼう》」は言《い》います。「歌《うた》だの、本《ほん》だの、友《とも》だちづきあいなんて無駄《むだ》。そんなものは非《ひ》効率《こうりつ》なだけ」

その言葉《ことば》に従《したが》って、だれとも話《はな》さず勉強《べんきょう》だけしていれば、確《たし》かに成績《せいせき》は上《あ》がるかもしれません。でも、読書《どくしょ》や友《とも》だちづきあいを節約《せつやく》すればするほど生活《せいかつ》はやせ細《ほそ》ります。あなたは友《とも》だちも、美《うつく》しい景色《けしき》も知《し》らない人《ひと》になってしまうのです。

　せっかくの休日《きゅうじつ》を「時間泥棒《じかんどろぼう》」にうばわれないようにするにはどうしたらよいのでしょう。答《こた》えは泥棒《どろぼう》たちの発言《はつげん》の中《なか》にあります。歌《うた》を歌《うた》い、本《ほん》を読《よ》みましょう。友《とも》だちとおしゃべりしましょう。外《そと》に出《で》て、青葉若葉《あおばわかば》の日《ひ》の光《ひかり》に身《み》をさらすのです。心《こころ》が喜《よろこ》び、豊《ゆた》かになることに時間《じかん》を使《つか》えば、泥棒《どろぼう》たちは手《て》も足《あし》も出《で》ません。

　ミヒャエル・エンデは言《い》います。「時間《じかん》とは生《い》きることそのもの」

　楽《たの》しい時間《じかん》を過《す》ごしましょうね。

何《なに》が自分《じぶん》に向《む》いているか わからないあなたへ

あなたに手紙《てがみ》を書《か》きます。何《なに》が自分《じぶん》に向《む》いているかわからないあなたに手紙《てがみ》を書《か》きます。

小学生《しょうがくせい》のころのノートを見《み》ていたら、「阪《はん》神《しん》タイガースのキャッチャーになりたい」という夢《ゆめ》が書《か》いてありました。まちがいなく私《わたし》の字《じ》です。こんな夢《ゆめ》を持《も》っていたなんて、今《いま》は笑《わら》っちゃいます。中学生《ちゅうがくせい》のころは、ミュージシャンにあこがれて、大学《だいがく》では小説家《しょうせつか》になる夢《ゆめ》を見《み》ていました。

あなたのように賢《かしこ》くなかった私《わたし》は、「何《なに》が自分《じぶん》に向《む》いているか」なんて考《かんが》えたことがありませんでした。今《いま》、熱中《ねっちゅう》しているものを「自分《じぶん》の向《む》いているもの」と思《おも》いこんでいたのです。実《じつ》におめでたい人間《にんげん》です。

しかし、それでよかったと思《おも》います。自分《じぶん》が何《なに》に向《む》いているかわかっている人《ひと》なんて、この世《よ》に一人もいません。わかってしまったら、きっと人生《じんせい》はつまらないでしょう。

だから、迷《まよ》うことなく、今《いま》、好《す》きなものを、自分《じぶん》に向《む》いているものだと考《かんが》えようじゃないですか。「ぼくはプロのサッカー選手《せんしゅ》になる」と思《おも》って、サッカーをやればいい。向《む》いてなければ、すぐ次《つぎ》に熱中《ねっちゅう》できるものを探《さが》せばいい。夢《ゆめ》はどんどん変《か》わっていいのです。

私《わたし》は、今《いま》でも自分《じぶん》に何《なに》が向《む》いているのかわかりません。だから突然《とつぜん》、歌《うた》がうまいと思《おも》って歌手《かしゅ》を目指《めざ》すかもしれません。自分《じぶん》の可能《かのう》性《せい》は、やってみなければわからない。「こんないいことがありそうだ」と思《おも》えたら、それはもうあなたに向《む》いていることなのです。

五月病《ごがつびょう》にかかりそうな あなたへ

あなたに手紙《てがみ》を書《か》きます。五月病《ごがつびょう》にかかりそうなあなたに手紙《てがみ》を書《か》きます。

ゴールデンウィークも今日《きょう》で終《お》わり。体《からだ》も気持《きも》ちもなまってしまい、「学校《がっこう》に行《い》くのが面倒《めんどう》だなぁ」なんてぼやきたくなる。その気《き》持《も》ち、私《わたし》にもわかります。4月の初《はじ》めには新《あたら》しい環境《かんきょう》になれようと緊張《きんちょう》していた。「今学《こんがっ》期《き》こそは、がんばるぞ！」と向上心《こうじょうしん》もあった。その気持《きも》ちが長《なが》い休《やす》みでそがれてしまい、なんだかやる気《き》がうせている。この季節《きせつ》には多《おお》くの人《ひと》が同《おな》じ気持《きも》ちになるので「五月病《ごがつびょう》」なんて呼《よ》ばれています。

乗《の》りきるにはどうすればいいでしょう。シスターの渡辺和子《わたなべかずこ》さんは、こうおっしゃっています。「面倒《めんどう》だから、しよう」です。「面倒《めんどう》だけど、しよう」ではありません。「面倒《めんどう》くさいや」「動《うご》きたくないや」と思《おも》うその瞬間《しゅんかん》に、あえて動《うご》く。面倒《めんどう》なことをやってみる。「宿《しゅく》題《だい》するのが面倒《めんどう》だ」と思《おも》ったら、「宿題《しゅくだい》するのが面倒《めんどう》だから、しよう」と考《かんが》え、すぐに行動《こうどう》するのです。

面倒《めんどう》な自分《じぶん》を克服《こくふく》すれば、やり終《お》えた時《とき》の気持《きも》ちはさわやかです。達成感《たっせいかん》を味《あじ》わうことができます。何事《なにごと》も先延《さきの》ばしするくせも、グズグスしてすぐに動《うご》かない性格《せいかく》も、「面倒《めんどう》だから、しよう」という魔法《まほう》の言葉《ことば》で克服《こくふく》できるはずです。どんな小《ちい》さなことでも「面倒《めんどう》」という言葉《ことば》が心《こころ》にうかんだら、「だから、しよう！」とさけび、いどみましょう。

五月病《ごがつびょう》にかかりそうなこの季節《きせつ》こそ、グズを直《なお》すチャンス。面倒《めんどう》だから、しようじゃないですか。

自分《じぶん》の顔《かお》やスタイルに自信《じしん》のないあなたへ

あなたに手紙《てがみ》を書《か》きます。自分《じぶん》の顔《かお》やスタイルに自信《じしん》のないあなたに手紙《てがみ》を書《か》きます。だれだってかっこよく、きれいになりたいものです。私《わたし》も同《おな》じ。50代半《だいなか》ばになって、「もっと背《せ》が高《たか》かったらなぁ」なんて考《かんが》えます。よほどの美人《びじん》やイケメンでもない限《かぎ》り、悩《なや》みの内容《ないよう》にちがいはあっても、みんなこの悩《なや》みを持《も》っています。子《こ》どもも大人《おとな》も、関係《かんけい》ありません。多《おお》くの人《ひと》は一生《いっしょう》、自分《じぶん》の顔《かお》やスタイルに悩《なや》みを持《も》って生《い》きていくものなのです。

その悩《なや》みから解放《かいほう》されるにはどうすればいいのでしょう。方法《ほうほう》が一つあります。とっても単純《たんじゅん》です。いつも笑顔《えがお》でいる努力《どりょく》をすること。人《ひと》はブスっとしているからブスになるのです。いつも笑顔《えがお》でいれば、顔《かお》が生《い》き生《い》きとしてきます。おもしろい時《とき》や、楽《たの》しい時《とき》だけ笑顔《えがお》でもダメです。いつも笑顔《えがお》でいる。相手《あいて》の頭《あたま》の中《なか》に「笑顔《えがお》の私《わたし》」が印象《いんしょう》づけられるように根性《こんじょう》をすえて笑顔《えがお》をつくる。

　初《はじ》めはつらいでしょう。しかし、笑顔《えがお》が容姿《ようし》の印象《いんしょう》を変《か》える大切《たいせつ》な要素《ようそ》とわかれば努力《どりょく》できるはずです。人《ひと》に会《あ》ったらまず笑顔《えがお》。話《はな》し終《お》わったらすぐ笑顔《えがお》。鏡《かがみ》を見《み》て、また笑顔《えがお》です。笑顔《えがお》が顔《かお》の基本《きほん》になれば、周囲《しゅうい》のあなたを見《み》る目《め》が変《か》わります。何《なに》よりあなた自身《じしん》が楽《たの》しくなってくるはずです。

　ニッと歯《は》を見《み》せて大《おお》きな笑顔《えがお》を作《つく》ろう。今《いま》のあなたはこのコラムを読《よ》む前《まえ》よりも絶対《ぜったい》にきれいに、かっこよくなっているはずです。

スポーツを始《はじ》めたあなたへ

あなたに手紙《てがみ》を書《か》きます。スポーツを始《はじ》めたあなたに手紙《てがみ》を書《か》きます。

私《わたし》が小学《しょうがく》5年生《ねんせい》の時《とき》、黒板《こくばん》の上《うえ》に「目的《もくてき》を持《も》った行動《こうどう》をしよう」という言葉《ことば》が書《か》かれていました。クラスみんなが努力《どりょく》する目標《もくひょう》でした。勉強《べんきょう》はもちろん、掃除《そうじ》や給食《きゅうしょく》の時《とき》も「これは何《なん》の目的《もくてき》でやっている行動《こうどう》か」と自分《じぶん》に問《と》いかけます。ぼんやりしていると、先生《せんせい》に「今《いま》、何《なに》を目的《もくてき》にしていますか?」と声《こえ》をかけられました。

クラスの目標《もくひょう》が活躍《かつやく》したのは運動会《うんどうかい》でした。クラス対抗《たいこう》リレーの練習《れんしゅう》の時《とき》、漫然《まんぜん》と走《はし》っているのと、「バトンの受《う》け渡《わた》しをうまくする」という目標《もくひょう》を持《も》って練習《れんしゅう》するのとでは大《おお》きなちがいがありました。

スポーツの効能《こうのう》は何《なに》か。もちろん、体力《たいりょく》が

ついたり、集団行動《しゅうだんこうどう》が得意《とくい》になったりいろいろないい面《めん》があります。それに加《くわ》えてすばらしいのは、「目的《もくてき》を持《も》った行動《こうどう》」ができるようになることです。サッカーのリフティングで50回《かい》をこえる。水泳《すいえい》で１００メートル泳《およ》げるようになる。野球《やきゅう》で次《つぎ》の対抗戦《たいこうせん》でヒットを打《う》つ。目標《もくひょう》を明確《めいかく》にし、そこに向《む》かって努力《どりょく》する。苦《くる》しい時《とき》もあるけれど、目標《もくひょう》を達成《たっせい》した後《あと》の到達感《とうたつかん》を味《あじ》わいながら、次《つぎ》の目標《もくひょう》に向《む》かってまたがんばる。これをくり返《かえ》すうちに、普段《ふだん》の生活《せいかつ》でも「目標《もくひょう》を持《も》った行動《こうどう》」ができるようになるのです。

　夏休《なつやす》みまでに到達《とうたつ》する目標《もくひょう》を持《も》ちましょう。そこに向《む》かって努力《どりょく》する時《とき》、スポーツの本当《ほんとう》のおもしろさがわかってくるはずです。さぁ、目的《もくてき》を持《も》ってスポーツをしましょう！

男女《だんじょ》の役割《やくわり》について考《かんが》えている あなたへ

あなたに手紙《てがみ》を書《か》きます。男女《だんじょ》の役割《やくわり》について考《かんが》えているあなたに手紙《てがみ》を書《か》きます。

私《わたし》は料理《りょうり》を作《つく》れません。私《わたし》が幼《おさな》いころは、「男子厨房《だんしちゅうぼう》に入《はい》らず」という言葉《ことば》があり、男《おとこ》が台所《だいどころ》に立《た》つことはよくないといった考《かんが》え方《かた》がまだ社会《しゃかい》の中《なか》にありました。

そのおかげでずいぶん損《そん》をしました。料理《りょうり》を作《つく》るという人間《にんげん》が生《い》きていくのに重要《じゅうよう》なことができないのです。健康面《けんこうめん》を考《かんが》えてもいいことはありません。料理《りょうり》は女性《じょせい》の仕事《しごと》と決《き》めつけるのは、男性《だんせい》にとっても不幸《ふこう》です。

もちろん、男性《だんせい》、女性《じょせい》には体格《たいかく》や性質《せいしつ》にちがいもありますから、すべてを同《おな》じというわけにはいきません。おたがいに自分《じぶん》が持《も》っていない特長《とくちょう》があるから尊敬《そんけい》できるし、心《こころ》を合《あ》わせて働《はたら》けるのです。男女《だんじょ》の差《さ》を十分理解《じゅうぶんりかい》した上《うえ》で、男性《だんせい》と女性《じょせい》はいつも平等《びょうどう》であるべきだと私《わたし》は考《かんが》えています。

男子《だんし》のあなたに書《か》きます。台所《だいどころ》に立《た》って、料理《りょうり》の作《つく》り方《かた》を覚《おぼ》えましょう。掃除《そうじ》や洗濯《せんたく》といった家事《かじ》も、男《おとこ》のあなたが積極的《せっきょくてき》にやるべき仕事《しごと》です。

女子《じょし》のあなたに書《か》きます。これからは、女《じょ》性《せい》もどんどん社会《しゃかい》に出《で》るべきです。まだ少《すく》ないけれど、これから女性《じょせい》の社長《しゃちょう》や政治家《せいじか》がもっと増《ふ》えていくことでしょう。

男性《だんせい》も、女性《じょせい》も、個性《こせい》を生《い》かして楽《たの》しく暮《く》らせる未来《みらい》のために自分《じぶん》は何《なに》ができるのか。そう考《かんが》えれば、洗《あら》いもののお手伝《てつだ》いも苦《く》にならないはず。男子《だんし》もどんどん厨房《ちゅうぼう》に入《はい》ろう。私《わたし》もがんばります。

偏食《へんしょく》がちなあなたへ

あなたに手紙《てがみ》を書《か》きます。偏食《へんしょく》がちなあなたに手紙《てがみ》を書《か》きます。

ニンジン、ピーマン、ブロッコリー、生卵《なまたまご》、お刺《さ》し身《み》、サツマイモ。子《こ》どものころの私《わたし》は、これらが全部《ぜんぶ》きらいでした。お肉《にく》も苦手《にがて》で、のみこむタイミングがつかめず目《め》を真《ま》っ赤《か》にしていました。

母《はは》にしかられました。でも、食《た》べることができません。きらいなものを母《はは》が小《ちい》さく切《き》りきざんで、好《す》きなものの中《なか》に入《い》れてくれました。でも、それがわかるとさけてしまいます。長《なが》い間《あいだ》、私《わたし》は偏食《へんしょく》がちな少年《しょうねん》でした。

この状況《じょうきょう》が変《か》わったできごとがあります。夏休《なつやす》みに近《ちか》くの山《やま》にキャンプに行《い》った時《とき》でした。みんなでカレーを作《つく》ったのです。当時《とうじ》の私《わたし》は、料理《りょうり》の経験《けいけん》が一度《いちど》もありませんでした。

ジャガイモの皮《かわ》をむけず、肉《にく》に触《さわ》ることもできませんでした。でも、みんなに教《おし》えてもらいながらカレー作《づく》りに参加《さんか》したのです。できあ上《あ》がって食《た》べてみる。なんともいえないおいしさでした。「あれ、ニンジンも平気《へいき》だぞ」。この時《とき》、そう感《かん》じたのです。これが偏食《へんしょく》をなくすきっかけになりました。

キャンプに行《い》く前《まえ》までの私《わたし》は、でき上《あ》がった「料理《りょうり》」しか知《し》らなかったのです。でも、自分《じぶん》で焼《や》いたり、煮《に》たり、「調理《ちょうり》」することを覚《おぼ》えると不思議《ふしぎ》にいろいろなものがおいしく感《かん》じられました。

偏食《へんしょく》がちなあなたには、「食《た》べる」よりも料理《りょう》を「作《つく》る」ことをおすすめします。自分《じぶん》で切《き》ったニンジンはとってもおいしいよ。お肉《にく》だってゴクリとのみこめるはずです。

体《からだ》の弱《よわ》いあなたへ

あなたに手紙《てがみ》を書《か》きます。体《からだ》の弱《よわ》いあなたに手紙《てがみ》を書《か》きます。

子《こ》どものころの私《わたし》は、しょっちゅう風邪《かぜ》をひいていました。すぐにのどがはれました。体育《たいいく》を見学《けんがく》することもしばしば。みんなに「虚弱《きょじゃく》」とあだ名《な》をつけられました。

どうすれば体《からだ》が強《つよ》くなるだろう。両親《りょうしん》も心《しん》配《ぱい》し、プール教室《きょうしつ》に通《かよ》わせてくれたのですが、ダメでした。

大学受験《だいがくじゅけん》の年《とし》、1週間《しゅうかん》、入院《にゅういん》しました。試《し》験当日《けんとうじつ》も風邪《かぜ》をひきました。自分《じぶん》の弱《よわ》さが情《なさ》けなくてしかたありませんでした。

ある日《ひ》、小説家《しょうせつか》の司馬遼太郎《しばりょうたろう》さんの文章《ぶんしょう》を読《よ》みました。おもしろい歴史小説《れきししょうせつ》をいっぱい書《か》いている人《ひと》です。たくさん書《か》けるのだから、体《からだ》が強《つよ》いのだろうと思《おも》っていたら、ちがいました。司馬《しば》さんもよく風邪《かぜ》をひいているのです。体《からだ》の弱《よわ》い人《ひと》でした。

　自分《じぶん》は、弱《よわ》い。そうわかっているから、司《し》馬《ば》さんは風邪《かぜ》の研究《けんきゅう》をしています。首《くび》にえりまきをまくのがいいと言《い》っています。弱《よわ》いことをなげきません。体《からだ》と正面《しょうめん》からつきあい、工夫《くふう》を重《かさ》ねて、長編歴史小説《ちょうへんれきししょうせつ》を書《か》いていったのです。

　これを知《し》って、私《わたし》は救《すく》われました。体《からだ》が弱《よわ》くても、あきらめることはない。自分《じぶん》の体調《たいちょう》を知《し》ることで、仕事《しごと》も勉強《べんきょう》もできるのです。

　私《わたし》は今《いま》、寒《さむ》い時《とき》にはうすいジャンパーをずっと着《き》ています。通称《つうしょう》「家《いえ》ジャン」のおかげで元気《げんき》です。体《からだ》が弱《よわ》くてもあきらめないでね。体《からだ》と上手《じょうず》につきあえば、元気《げんき》な人《ひと》以上《いじょう》に力《ちから》を発揮《はっき》できますよ。

夏休《なつやす》みをむかえたあなたへ

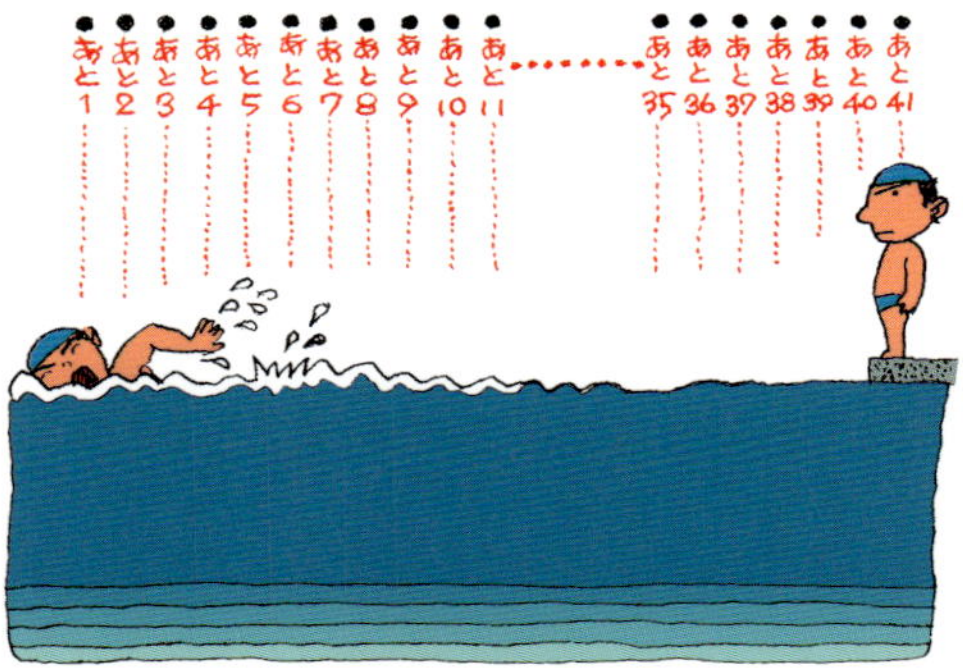

あなたに手紙《てがみ》を書《か》きます。夏休《なつやす》みをむかえたあなたに手紙《てがみ》を書《か》きます。

私《わたし》が大学《だいがく》1年生《ねんせい》の時《とき》でした。夏休《なつやす》みを間近《まぢか》にひかえた学生《がくせい》たちに英語《えいご》の先生《せんせい》がこう言《い》いました。「長《なが》い長《なが》いと思《おも》っていても、夏休《なつやす》みなんてあっという間《ま》だ。有効《ゆうこう》に使《つか》うには、何《なに》か新《あたら》しいものに挑戦《ちょうせん》してみなさい」。こう言《い》われて、私《わたし》は運転免許《うんてんめんきょ》をとりに行《い》きました。一生懸命《いっしょうけんめい》習《なら》って、新学期《しんがっき》には免許《めんきょ》を手《て》にしました。

「夏休《なつやす》みに一つ、新《あたら》しいことを成《な》しとげる」。こう決《き》めれば目標《もくひょう》ができます。目標《もくひょう》ができれば計画《けいかく》が作《つく》れます。計画《けいかく》があれば、実行《じっこう》に移《うつ》せます。夏休《なつやす》みが終《お》わった時《とき》、達成感《たっせいかん》を覚《おぼ》えることができるはずです。目標《もくひょう》は、好《す》きなものでかまいません。泳《およ》げるようになる。問題《もんだい》集《しゅう》を1冊《さつ》やり終《お》える。手紙《てがみ》を毎日《まいにち》書《か》くでもいいでしょう。自分《じぶん》で決《き》めた目標《もくひょう》に向《む》かって自《じ》分《ぶん》の力《ちから》で走《はし》る。何《なん》でも自分《じぶん》でできるのは気持《きも》ちのいいものです。

途中《とちゅう》でダラダラしないために、とっておきの方法《ほうほう》を伝授《でんじゅ》します。それは「逆算《ぎゃくさん》カレンダー」です。夏休《なつやす》みの最終日《さいしゅうび》が8月31日なら、そこに、あと1日《にち》の意味《いみ》で「1」を、30日には「2」と書《か》きこみます。こうして今朝《けさ》までの毎日《まいにち》を書《か》きこむと、毎日《まいにち》「夏休《なつやす》みは、今日《きょう》を入《い》れてあと14日《か》だな」と考《かんが》えるようになります。毎日《まいにち》がとても大切《たいせつ》な1日《にち》に見《み》えてくるはずです。

さぁ、あなたは何《なに》にチャレンジするのでしょう。こっそり私《わたし》に教《おし》えてください。応援《おうえん》の手紙《てがみ》を送《おく》るからね。

おしゃれが好《す》きなあなたへ

あなたに手紙《てがみ》を書《か》きます。おしゃれが好《す》きなあなたに手紙《てがみ》を書《か》きます。

これはイタリアの友人《ゆうじん》から聞《き》いた話《はなし》です。彼《かれ》が子《こ》どもだったころのイタリアでは、図画《ずが》工作《こうさく》の授業《じゅぎょう》がたくさんあったそうです。毎日《まいにち》絵《え》をかいていました。それを見《み》ながら先生《せんせい》が言《い》ったそうです。「みなさん、自分《じぶん》の好《す》きな色《いろ》を見《み》つけましょう」と。

彼《かれ》は、青《あお》が好《す》きでした。小《ちい》さい時《とき》は、青《あお》のクレヨンで単純《たんじゅん》に空《そら》をぬっていました。ところが、いろんな絵《え》をかき、水彩《すいさい》や油絵《あぶらえ》の具《ぐ》を使《つか》うようになると、青《あお》は1色《しょく》ではないことに気《き》づきます。紫《むらさき》のような青《あお》もあれば、白《しろ》みたいな青《あお》もある。いろいろな青《あお》が入《い》り交《ま》じって空《そら》はできていました。

花《はな》を見《み》ても同《おな》じです。赤《あか》い花《はな》は、1色《しょく》の赤《あか》

できてはいません。しっかり観察《かんさつ》し、かき分《わ》けていくうちに、「色《いろ》の組《く》み合《あ》わせ」がわかってきたと言《い》います。

卒業《そつぎょう》の時《とき》、先生《せんせい》が「一番《いちばん》好《す》きな色《いろ》を言《い》ってごらん」と言《い》いました。一人ひとり生徒《せいと》が答《こた》えていきます。友人《ゆうじん》は、「少《すこ》しグレーの入《はい》った水色《みずいろ》」と答《こた》えたそうです。

「今《いま》、答《こた》えた色《いろ》が、君《きみ》だけのラッキーカラーだよ。おしゃれの原点《げんてん》になります」と先生《せんせい》は言《い》いました。ラッキーカラーとは、「幸福《こうふく》を呼《よ》ぶ色《いろ》」のことです。

彼《かれ》は今《いま》でもこの色《いろ》を中心《ちゅうしん》におしゃれを楽《たの》しんでいます。流行《りゅうこう》に左右《さゆう》されません。あなたも自分《じぶん》の好《す》きな色《いろ》を探《さが》してみませんか。きっとそれが、あなたに幸《しあわ》せを呼《よ》ぶ「おしゃれの原点《げんてん》」になるはずです。

世界《せかい》で活躍《かつやく》したいあなたへ

あなたに手紙《てがみ》を書《か》きます。将来《しょうらい》、世界《せかい》で活《かつ》躍《やく》したいあなたに手紙《てがみ》を書《か》きます。

私《わたし》はこれまで世界中《せかいじゅう》を旅《たび》してきました。オーストラリア大陸《たいりく》を列車《れっしゃ》で横断《おうだん》したことがあります。中東《ちゅうとう》のバーレーンで、ラクダの群《む》れを見《み》ました。インド・ガンジス川《がわ》で沐浴《もくよく》する人《ひと》。世界《せかい》の広《ひろ》さと多様性《たようせい》におどろいてきました。

インターネットの発達《はったつ》で、地球《ちきゅう》の裏側《うらがわ》の情《じょう》報《ほう》もすぐに手《て》に入《はい》る時代《じだい》です。でも本物《ほんもの》は迫《はく》力《りょく》がちがいます。温度《おんど》、音《おと》、においが一度《いちど》に体《からだ》におし寄《よ》せてきて、あなたのせまい考《かんが》えを一気《いっき》に変《か》えようとします。それにたえるガッツと好奇心《こうきしん》があれば、世界《せかい》はあなたをむかえ入《い》れてくれるでしょう。

もう一つ忘《わす》れてはいけないことがあります。

世界《せかい》に出《で》た途端《とたん》、海外《かいがい》の人々《ひとびと》が「日本」についてあなたにたずねてきます。禅《ぜん》や茶道《さどう》などの文化《ぶんか》から政治《せいじ》や経済《けいざい》について日本の専門家《せんもんか》だと思《おも》って聞《き》いてくるのです。あなたはどれだけ日本を知《し》っているかを試《ため》されます。

海外《かいがい》で活躍《かつやく》しようと思《おも》ったら、生《う》まれ育《そだ》った「日本」について勉強《べんきょう》すること。日本通《つう》だから国際通《こくさいつう》になれることを覚《おぼ》えておいてください。

あなたが大人《おとな》になる時代《じだい》は、海外《かいがい》の文化《ぶんか》や人《ひと》にふれる機会《きかい》がもっと増《ふ》えるでしょう。その時胸《ときむね》を張《は》って、「私《わたし》は日本人《じん》です」と言《い》える人《ひと》を目指《めざ》してください。日本をよく知《し》る日本人《じん》になってください。それが本当《ほんとう》の国際人《こくさいじん》なのです。

グズと言《い》われているあなたへ

あなたに手紙《てがみ》を書《か》きます。グズと言《い》われているあなたに手紙《てがみ》を書《か》きます。

「グズグズしてないで、ちゃんと起《お》きなさい」「もう、グズなんだから！」というお母《かあ》さんの声《こえ》。ほかならない私《わたし》の子《こ》ども時代《じだい》の話《はなし》です。

自分《じぶん》ではそんなにグズグズしているつもりはないのに、よくおこられました。あまりによく「グズ」と呼《よ》ばれるもので、自分《じぶん》と人《ひと》とでは流《なが》れている時間《じかん》の速《はや》さがちがうのではないかとさえ思《おも》いました。

今《いま》になって考《かんが》えると、グズと言《い》われる私《わたし》のような人間《にんげん》は、マイペースなんですね。人《ひと》に合《あ》わせて行動《こうどう》するよりも、自分《じぶん》の心地《ここち》よい進《すす》みぐあいを優先《ゆうせん》したい。そこで生《う》まれる時間《じかん》の差《さ》が「グズ」の正体《しょうたい》のようです。

だから直《なお》すのは簡単《かんたん》です。人《ひと》のペースに合《あ》わせること。できればあこがれるタレントやスポーツ選手《せんしゅ》の歩《ある》き方《かた》や体《からだ》の動《うご》かし方《かた》を研究《けんきゅう》して、マネをしてください。マイペースをしばらくやめて、だれかのペースで動《うご》いてみるとグズと呼《よ》ばれる回数《かいすう》はずっと減《へ》ってきます。

人《ひと》の動《うご》きをマネすることは、こんな時《とき》にも有効《ゆうこう》です。話《はな》している人《ひと》と何《なん》となく気《き》が合《あ》わなかったり、ギクシャクしたりしている時《とき》、相手《あいて》の動作《どうさ》をマネしてみます。気《き》づかれないように腕組《うでぐ》みをしたら、こっちも腕組《うでぐ》みをする。足《あし》を組《く》んだら、こちらも組《く》む。相手《あいて》の動《どう》作《さ》をマネしていると気《き》が合《あ》ってくる。この現《げん》象《しょう》を心理学《しんりがく》では「ミラーリング」と言《い》います。試《ため》してみてください。

掃除《そうじ》がきらいなあなたへ

あなたに手紙《てがみ》を書《か》きます。掃除《そうじ》がきらいなあなたに手紙を書きます。

一人暮《ぐ》らしを始《はじ》めた時《とき》、掃除《そうじ》が一番面倒《いちばんめんどう》でした。時間《じかん》はかかるし、力《ちから》もいる。その上《うえ》すぐにまたよごれてしまいます。ぞうきんをしぼりながら、母親《ははおや》は毎日《まいにち》こんな重労働《じゅうろうどう》をやっていたのかと感謝《かんしゃ》の気持《きも》ちがわいてきました。

そのとき、ふと考《かんが》えたのです。母《はは》ばかりではなく、お風呂《ふろ》にもトイレにも感謝《かんしゃ》するべきだと。なぜならお風呂《ふろ》のおかげで、体《からだ》を清潔《せいけつ》に保《たも》つことができるから。トイレのおかげで健康《けんこう》を維持《いじ》できるのです。

私《わたし》は、掃除《そうじ》をするとき浴槽《よくそう》や窓《まど》ガラスやトイレに向《む》かって「ありがとう」と声《こえ》をかけようと考《かんが》えました。「ありがとう、ありがとう」と心《こころ》でつぶやきながら玄関《げんかん》を掃《は》き、「ありがとう、ありがとう」と声《こえ》に出《だ》しながら窓《まど》をふくのです。するとどうでしょう。作業《さぎょう》の大変《たいへん》さは変《か》わらないのですが、面倒《めんどう》な気分《きぶん》は減《へ》っていました。目《め》が行《い》き届《とど》くようになって、ていねいに掃除《そうじ》をするようになれたのです。たとえ「モノ」であっても自分《じぶん》の生活《せいかつ》を支《ささ》えてくれるものには感謝《かんしゃ》する。そんな気持《きも》ちをこめて掃除《そうじ》をすると、あちこちがピカピカになりました。

「ありがとう」は、魔法《まほう》の言葉《ことば》です。自分《じぶん》の気持《きも》ちのチリやホコリまでが取《と》りはらわれる気《き》になります。「ありがとう清掃《せいそう》」一度《いちど》やってみてください。あなたがみがいた窓《まど》ガラスから「ありがとう」の声《こえ》が聞《き》こえてきそうですよ。

運動《うんどう》オンチなあなたへ

あなたに手紙《てがみ》を書《か》きます。運動《うんどう》オンチなあなたに手紙《てがみ》を書《か》きます。

走《はし》るのがきらい。ボール競技《きょうぎ》が苦手《にがて》。運動《うんどう》ができないのは勉強《べんきょう》と同《おな》じくらい悩《なや》みだよね。

でも、その悩《なや》みをじっくり観察《かんさつ》してごらん。本当《ほんとう》に運動《うんどう》ができないことよりも、みんなに笑《わら》われること、ゲームで迷惑《めいわく》をかけてしまう不安《ふあん》。そんな気持《きも》ちの方《ほう》が強《つよ》くないですか。

運動《うんどう》オンチを悩《なや》むより、それより人《ひと》の目《め》が気《き》になる。私《わたし》にもそんな気持《きも》ちが強《つよ》くありました。これを解決《かいけつ》してくれたのが、ヨガの先生《せんせい》でした。

「この教室《きょうしつ》には、いろんな人《ひと》がいます。体《からだ》のかたい人《ひと》、生《う》まれつきやわらかい人《ひと》など、いろいろいます。できる人《ひと》を見《み》て、『あぁ、私《わたし》はあんなに体《からだ》が曲《ま》がらない』となげくのは意《い》味《み》もありません。昨日《きのう》より今日《きょう》、今日《きょう》より明《あ》日《す》と、自分《じぶん》が少《すこ》し進歩《しんぽ》すればいいんです。それは『米《こめ》1粒分《つぶぶん》の進歩《しんぽ》』かもしれません。でもその1粒《つぶ》が、体《からだ》が変《か》わる喜《よろこ》びを教《おし》えてくれるのです」。

人《ひと》と比《くら》べるのでない。昨日《きのう》の自分《じぶん》と比《くら》べる。その進歩《しんぽ》がすぐになくても、米《こめ》1粒分《つぶぶん》でも前《ぜん》進《しん》すれば、それを喜《よろこ》ぶ。先生《せんせい》のこの言葉《ことば》は深《ふか》く心《こころ》に残《のこ》りました。

運動《うんどう》オンチなあなたには、「米《こめ》1粒《つぶ》の進歩《しんぽ》」も難《むずか》しいかもしれません。しかし、「苦手《にがて》だ」と言《い》って縮《ちぢ》こまっていては何《なに》も克服《こくふく》できません。

「米《こめ》1粒分《つぶぶん》の進歩《しんぽ》」を目指《めざ》し、自分《じぶん》を見《み》つめていきましょう。1粒《つぶ》、また1粒《つぶ》と、体《からだ》が変《か》わるうれしさこそが運動《うんどう》の醍醐味《だいごみ》なのです。

お金《かね》持《も》ちになりたい あなたへ

あなたに手紙《てがみ》を書《か》きます。お金持《かねも》ちになりたいあなたに手紙《てがみ》を書《か》きます。

お金《かね》があれば何《なん》でもできます。大《おお》きな家《いえ》に住《す》んで、おいしいものを食《た》べ、世界《せかい》のどこにも旅行《りょこう》に行《い》けます。お金《かね》があれば、人生《じんせい》はバラ色《いろ》。無《な》ければ人生《じんせい》いばらの道《みち》。だからお金《かね》をかせぎたい。かせいで、かせいで、かせぎまくりたい！ そんなふうに考《かんが》える大人《おとな》がたくさんいます。

しかし、お金《かね》があれば本当《ほんとう》に幸《しあわ》せになれるのでしょうか。お金《かね》は何《なん》でも夢《ゆめ》をかなえる万《ばん》能薬《のうやく》でしょうか。

そうではありません。断言《だんげん》できます。世《よ》の中《なか》にはいくらお金《かね》を積《つ》んでも手《て》に入《はい》らないものがたくさんあります。例《たと》えば、時間《じかん》、人《ひと》の気持《きも》ち、寿命《じゅみょう》など。探《さが》せばまだまだたくさんあるでしょう。

だからと言《い》ってお金《かね》をバカにしてはいけません。有名《ゆうめい》な喜劇俳優《きげきはいゆう》チャールズ・チャプリンは「人生《じんせい》には三つのものがあればいい。希望《きぼう》と勇気《ゆうき》とわずかなお金《かね》」と言《い》っています。勇気《ゆうき》を出《だ》し、希望《きぼう》に向《む》かって歩《ある》くためには、必要最小限《ひつようさいしょうげん》のお金《かね》は必要《ひつよう》なものなのです。お金《かね》におぼれてはいけません。かと言《い》ってきらってもいけないのです。

お金《かね》とうまくつきあうには、何《なに》に使《つか》うのが自分《じぶん》にとって一番役《いちばんやく》に立《た》つかを考《かんが》えぬくこと。するとお金《かね》を大切《たいせつ》にする気持《きも》ちが生《う》まれてきます。さらに世《よ》の中《なか》のお金《かね》の流《なが》れをしっかり勉強《べんきょう》してください。お金《かね》とうまくつきあえるようになれば、毎日《まいにち》が楽《たの》しくなります。希望《きぼう》や勇気《ゆうき》までが、あなたの味方《みかた》になるのです。

才能《さいのう》を見《み》つけたいあなたへ

あなたに手紙《てがみ》を書《か》きます。才能《さいのう》を見《み》つけたいあなたに手紙《てがみ》を書《か》きます。

「絵《え》もうまくない。文章《ぶんしょう》は苦手《にがて》だ。私《わたし》って、何《なん》の才能《さいのう》もない！」なんて悩《なや》んでいるあなた。だいじょうぶです。いっしょにあなたの才能《さいのう》を探《さが》しましょう。

まず、白《しろ》い紙《かみ》と鉛筆《えんぴつ》を用意《ようい》します。そこに、やっていると気持《きも》ちいいなぁと思《おも》うことを書《か》き出《だ》します。きれいな洋服《ようふく》を見《み》ていると楽《たの》しいなぁとかね。

次《つぎ》に、特《とく》に習《なら》ったわけでもないのにうまくできたことを書《か》き出《だ》します。歌《うた》をスラスラ覚《おぼ》えた。初《はじ》めての道《みち》をまちがえない。いろいろあるよね。

最後《さいご》にお母《かあ》さんや友《とも》だちに、自分《じぶん》をほめるとしたらどこか聞《き》いてみましょう。優《やさ》しいとか、人《ひと》の話《はなし》をよく聞《き》くとか。

ここに書《か》かれたものが、あなたの「才能《さいのう》の芽《め》」です。例《たと》えば、歌《うた》うのが好《す》きで、歌詞《かし》を覚《おぼ》えるのが早《はや》くて、お母《かあ》さんから「度胸《どきょう》がある」と言《い》われたとします。すると、物《もの》おじせず、一瞬《いっしゅん》でいろいろ覚《おぼ》えられ、歌《うた》で人《ひと》を楽《たの》しくできる人《ひと》だとわかる。その才能《さいのう》はきっと歌手《かしゅ》に向《む》いているでしょう。

自分《じぶん》の長所《ちょうしょ》をたくさん書《か》く。それを見《み》ながらなりたい職業《しょくぎょう》をあれこれ想像《そうぞう》しているうちにあなたの才能《さいのう》が見《み》えてきます。

え？　紙《かみ》に書《か》くことがないって？　だいじょうぶです。才能《さいのう》とは、あなたが素直《すなお》に認《みと》めた長所《ちょうしょ》のこと。たいしたことなくていい。自分《じぶん》の長所《ちょうしょ》を書《か》き出《だ》し続《つづ》ければ、きっとあなたの才能《さいのう》にめぐりあえますよ。

文房具《ぶんぼうぐ》が好《す》きなあなたへ

あなたに手紙《てがみ》を書《か》きます。文房具《ぶんぼうぐ》が好《す》きなあなたに手紙《てがみ》を書《か》きます。

小学生《しょうがくせい》のころ、電動鉛筆《でんどうえんぴつ》けずりを買《か》ってもらいました。電気《でんき》で簡単《かんたん》に芯《しん》がするどくとがりました。

私《わたし》はうれしくなって、芯《しん》が少《すこ》しでも丸《まる》くなると、ガリガリとけずりました。鉛筆《えんぴつ》は、すぐに短《みじか》くなってしまいました。「鉛筆《えんぴつ》にかわいそうなことをした」と反省《はんせい》しました。ろくに字《じ》を書《か》くこともなく、おもしろ半分《はんぶん》にけずられてしまった鉛筆《えんぴつ》。私《わたし》には木《き》や芯《しん》でなく、命《いのち》をけずってしまったように思《おも》えたのです。

鉛筆《えんぴつ》は、字《じ》を書《か》くもの。あなたがたくさん字《じ》を書《か》くことで短《みじか》くなっていきます。しっかり使《つか》った鉛筆《えんぴつ》は、たとえチビてしまっても、その分《ぶん》あなたの中《なか》に新《あたら》しい漢字《かんじ》や計算能力《けいさんのうりょく》の向上《こうじょう》という形《かたち》で残《のこ》っていきます。

ノートも同《おな》じです。何度《なんど》も消《け》しゴムで消《け》したり、まちがえてバツをつけられたりして、よごれたり、かっこ悪《わる》くなっていきます。でも、その分《ぶん》あなたを賢《かしこ》く、たくましくしてくれます。

一生懸命《いっしょうけんめい》使《つか》いながら、やがて命《いのち》を終《お》えていく文房具《ぶんぼうぐ》。そこにはなれ親《した》しんだものに深《ふか》くひかれる「愛着《あいちゃく》」という気持《きも》ちがわいてくるはずです。

文房具《ぶんぼうぐ》が好《す》きならば、「愛着《あいちゃく》」がわいてくるまで、鉛筆《えんぴつ》やノートを使《つか》いこんでください。あなたを成長《せいちょう》させてくれる文房具《ぶんぼうぐ》に感謝《かんしゃ》しながら、文字《もじ》を書《か》き進《すす》めてください。そうすれば、文房具《ぶんぼうぐ》がもっと好《す》きになります。ノートや鉛筆《えんぴつ》は、あなたの成長《せいちょう》の勲章《くんしょう》です。

運《うん》の悪《わる》いあなたへ

あなたに手紙《てがみ》を書《か》きます。運《うん》の悪《わる》いあなたに手紙《てがみ》を書《か》きます。

「ひきたさんって、運《うん》がいい方《ほう》だと思《おも》いますか」とたずねられた時《とき》、私《わたし》はいつも「はい」と答《こた》えます。辞書《じしょ》を引《ひ》けば、「運《うん》」とは「人間《にんげん》の意志《いし》では変《か》えることのできないめぐり合《あ》わせ」と出《で》てきます。でも、私《わたし》は、これはまちがっていると思《おも》います。「運《うん》」は人《ひと》の意志《いし》で変《か》えることができると信《しん》じています。

まず、「運《うん》の悪《わる》い人《ひと》」を見《み》ていきましょう。共通《きょうつう》の口《くち》ぐせがあります。「だって」と、「うまくいかなかったこと」を弁解《べんかい》します。「でも」と、やりたくないことを正当化《せいとうか》しようとします。「どうせ」と、やらないことに対《たい》して開《ひら》き直《なお》ります。「だって、でも、どうせ」が口《くち》ぐせの人《ひと》は、まちがいなく運《うん》が悪《わる》い。行動《こうどう》もせず、責任感《せきにんかん》のない人《ひと》のところに「運《うん》」がめぐってくるわけがありません。

では、どうして私《わたし》は「運《うん》がいい」と言《い》いきれるのでしょうか。それは「自分《じぶん》は運《うん》がいい」と強《つよ》く信《しん》じているからです。もちろん、失敗《しっぱい》やミスはしょっちゅうやっています。でも、それを「運《うん》が悪《わる》い」とは思《おも》わず、「だって、でも、どうせ」と、弁解《べんかい》もしない。その上《うえ》、「絶《ぜっ》対《たい》、自分《じぶん》は運《うん》がいい」と信《しん》じていれば、運《うん》の悪《わる》いことなど起《お》きないのです。

いいかい。「運《うん》」というのはね。自分《じぶん》の心《こころ》が決《き》めるものなんだよ。何《なに》かあったら、「私《わたし》は運《うん》がいいからだいじょうぶ」と口《くち》に出《だ》して言《い》いましょう。不運《ふうん》なんて寄《よ》りつかなくなります。

ノーベル賞《しょう》をとりたいあなたへ

あなたに手紙《てがみ》を書《か》きます。ノーベル賞《しょう》をとりたいと思《おも》っているあなたに手紙《てがみ》を書《か》きます。今年《ことし》も日本人《じん》のノーベル賞受賞《しょうじゅしょう》が決《き》まりました。日本中《じゅう》が喜《よろこ》びにわいています。

ノーベル賞《しょう》は、全部《ぜんぶ》で6部門《ぶもん》あります。5部門《ぶもん》は、アルフレッド・ノーベルの生《う》まれたスウェーデンのストックホルムで授賞式《じゅしょうしき》が行《おこな》われます。しかし「平和賞《へいわしょう》」はノルウェーのオスロ市庁舎《しちょうしゃ》で行《おこな》われます。

なぜでしょう。ノーベル博士《はかせ》は、ダイナマイトを発明《はつめい》しました。人類《じんるい》のためになると思《おも》って作《つく》ったものが、戦争《せんそう》に利用《りよう》されてしまいました。傷《きず》ついたノーベル博士《はかせ》は、「人類《じんるい》のために最大貢献《さいだいこうけん》した人《ひと》」にノーベル賞《しょう》を与《あた》え、特《とく》に平和賞《へいわしょう》は、ノルウェーの国会《こっかい》が選《えら》んだ委員《いいん》が受賞者《じゅしょうしゃ》を決《き》めるようにと遺言《ゆいごん》に書《か》いたのです。スウェーデンとお隣《となり》のノルウェーがなかよく平和《へいわ》に暮《く》らせるように、ということでしょう。

ノーベル博士《はかせ》の平和《へいわ》への思《おも》いは授賞式《じゅしょうしき》の会《かい》場《じょう》にまで表《あらわ》れているのです。

今回《こんかい》、医学生理学賞《いがくせいりがくしょう》を受賞《じゅしょう》される大村智《おおむらさとし》さんは、幼《おさな》いころにおばあさまから「人《ひと》のためになることを考《かんが》えなさい」とくり返《かえ》し言《い》われたそうです。この言葉《ことば》が多《おお》くの人《ひと》を救《すく》う微生《びせい》物《ぶつ》の研究《けんきゅう》を支《ささ》えました。

ノーベル賞《しょう》をとりたいあなた。まず大切《たいせつ》なことは、平和《へいわ》を愛《あい》し、人《ひと》のためになることをいつも考《かんが》えることです。それがしっかりできれば、あなたがノーベル賞《しょう》をとるのもけっして夢《ゆめ》ではありません。楽《たの》しみにしているからね。

冒険《ぼうけん》したいあなたへ

あなたに手紙《てがみ》を書《か》きます。冒険《ぼうけん》したいあなたに手紙《てがみ》を書《か》きます。

小学《しょうがく》3年生《ねんせい》の時《とき》でした。初《はじ》めて一人でバスに乗《の》って歯医者《はいしゃ》さんに行《い》きました。母《はは》とは何《なん》度《ど》も通《かよ》っています。どのバスに乗《の》ればいいか、どこで降《お》りればいいかはわかっています。「よし、だいじょうぶ」と何度《なんど》も確認《かくにん》して乗《の》りました。

窓《まど》の外《そと》を見《み》なれた風景《ふうけい》が流《なが》れていきます。と思《おも》っていたら、ようすがおかしい。見《み》たことのない中学校《ちゅうがっこう》を通《とお》り過《す》ぎるのです。あせりました。頭《あたま》が真《ま》っ白《しろ》になりました。「あれだけ確《たし》かめたのに！」と、くやんでもだれも助《たす》けてくれません。

運転手《うんてんしゅ》さんにたずねると、やっぱりまちがっていました。もどり方《かた》はかなり複雑《ふくざつ》で、泣《な》きたくなりました。今《いま》のように携帯電話《けいたいでんわ》はありません。自力《じりき》でがんばるしかないのです。

歯《は》を食《く》いしばって、しかし「今度《こんど》こそはまちがえないぞ」と決意《けつい》して、前《まえ》へ進《すす》んでいきました。親切《しんせつ》なおばさんが力《ちから》を貸《か》してくれて、無事《ぶじ》に歯医者《はいしゃ》さんに着《つ》くことができました。

今《いま》から思《おも》えば小《ちい》さなことです。でも当時《とうじ》の私《わたし》には大冒険《だいぼうけん》でした。この経験《けいけん》の後《あと》、一人で乗《の》り物《もの》に乗《の》れるようになったのです。冒険《ぼうけん》が、勇気《ゆうき》と注意深《ちゅういぶか》さをプレゼントしてくれました。

毎日《まいにち》の生活《せいかつ》の中《なか》に冒険《ぼうけん》はあります。失敗《しっぱい》した時《とき》ほど冒険心《ぼうけんしん》を育《そだ》てるチャンスです。泣《な》きたい気持《きも》ちをぐっとおさえて進《すす》みましょう。あっ、でも、家族《かぞく》への連絡《れんらく》を忘《わす》れないこと。人《ひと》に迷惑《めいわく》をかけるのは冒険《ぼうけん》じゃないからね。

大《おお》みそかをむかえる あなたへ

あなたに手紙《てがみ》を書《か》きます。大《おお》みそかをむかえるあなたに手紙《てがみ》を書《か》きます。

江戸時代《えどじだい》、浮世草子《うきよぞうし》をたくさん書《か》いた井原《いはら》西鶴《さいかく》が、こんな俳句《はいく》を残《のこ》しています。

大晦日定《おおみそかさだ》めなき世《よ》の定《さだ》めかな

当時《とうじ》の大《おお》みそかは、今《いま》とはずいぶんちがいます。商人《しょうにん》にとって借金《しゃっきん》の最終決済日《さいしゅうけっさいび》が大《おお》みそか。新年《しんねん》になれば、お金《かね》を借《か》りていてもはらわなくてよくなるのです。だから、借金《しゃっきん》とりは必死《ひっし》にとりたてる。借《か》りた側《がわ》はにげようとする。西鶴《さいかく》はそのようすを物語《ものがたり》にしました。

江戸時代《えどじだい》は、今《いま》よりも「一年《ねん》」にけじめがありました。今年《ことし》できることは全部《ぜんぶ》すませてしまう。そして、新年《しんねん》を新《あたら》しい気持《きも》ちでむかえる。そのために武士《ぶし》も町人《ちょうにん》も大掃除《おおそうじ》をしました。身《み》にも心《こころ》にも「けじめ」をつけ、今年《ことし》やり残《のこ》すことがないようにと、除夜《じょや》の鐘《かね》が鳴《な》るまで働《はたら》いたのです。

あなたも２０１５年にしっかりけじめをつけましょう。部屋中《へやじゅう》のホコリをはらい、いらないものを捨《す》てます。ケンカをしていたらなか直《なお》りをしましょう。ちり一つない真《ま》っ白《しろ》な新年《しんねん》をむかえるために、今日《きょう》と明日《あす》、キビキビと働《はたら》いてください。

そうすれば光《ひか》りかがやく16年があなたをたずねてくるはずです。楽《たの》しくて、願《ねが》いごとがたくさんかなう一年《ねん》がやってきます。私《わたし》もこれから掃除《そうじ》をします。あなたに出会《であ》えたすばらしい今年《ことし》をふり返《かえ》りながら働《はたら》きます。

よい年《とし》をむかえようね！

新年《しんねん》をむかえたあなたへ

あなたに手紙《てがみ》を書《か》きます。新年《しんねん》をむかえたあなたに手紙《てがみ》を書《か》きます。

「あけましておめでとうございます」と言《い》っても、松《まつ》の内《うち》は一般的《いっぱんてき》には7日まで。新《しん》学期《がっき》を前《まえ》に、あなたはうかぬ顔《かお》をしているかもしれません。今年《ことし》は申年《さるどし》です。木《き》から木《き》へとひょいっと移《うつ》っていくサルたちのように、すばやく、元気《げんき》よく過《す》ごしたいものですね。

でも、どうすれば充実《じゅうじつ》した一年《ねん》を過《す》ごせるのでしょう。この時期《じき》に何《なに》をすればいいのでしょうか。

今朝《けさ》は、その方法《ほうほう》を教《おし》えます。まずカレンダーを見《み》てください。それをめくりながら、「6月までにリフティングを200回《かい》できるようにしよう」などと、自分《じぶん》の夢《ゆめ》がいつごろ達成《たっせい》するかを考《かんが》えます。「できる」と信《しん》じて、大《おお》きくて楽《たの》しい夢《ゆめ》を書《か》きこみましょう。「無《む》理《り》かも」なんて悲観的《ひかんてき》になってはいけません。まるで夢《ゆめ》が実現《じつげん》したかのように書《か》いていきましょう。

さらにもう一つ。これからおよそ1か月《げつ》の間《あいだ》に、どんな小《ちい》さなことでもいいので何《なに》かを達成《たっせい》してください。1か月間《げつかん》、漢字練習《かんじれんしゅう》を続《つづ》ける。毎日《まいにち》、新聞《しんぶん》を読《よ》む。それを実現《じつげん》しましょう。小《ちい》さくてもひと月《つき》がんばって達成《たっせい》すれば自信《じしん》がわいてきます。その達成感《たっせいかん》と自信《じしん》が、先《さき》ほど記入《きにゅう》した「夢《ゆめ》カレンダー」を現実《げんじつ》に導《みちび》くエンジンになるのです。あなたの２０１６年はカレンダーに沿《そ》って動《うご》き出《だ》します。大《おお》きな夢《ゆめ》を見《み》ながら、小《ちい》さな達成感《たっせいかん》を重《かさ》ねる。そのくり返《かえ》しで、あなたの夢《ゆめ》は実現《じつげん》できます。張《は》りきっていきましょう。

験《げん》を担《かつ》ぎたいあなたへ

あなたに手紙《てがみ》を書《か》きます。験《げん》を担《かつ》いだり、占《うらな》いを気《き》にしたりしているあなたに手紙《てがみ》を書《か》きます。

子《こ》どものころ、「黒《くろ》ネコを見《み》ると悪《わる》いことが起《お》きる」と友《とも》だちから聞《き》きました。近所《きんじょ》に黒《くろ》ネコを飼《か》っている家《いえ》があったので、不安《ふあん》になりました。さけていてもネコはおかまいなしにやってきます。こちらの気持《きも》ちなどわかるはずがありません。堂々《どうどう》とへいの上《うえ》を歩《ある》いていきました。

「不吉《ふきつ》だなぁ」と思《おも》っていると、悪《わる》いことばかりが目《め》に入《はい》ります。そのたびに「やっぱり黒《くろ》ネコを見《み》たせいだ」と落《お》ちこんでいたのでした。

しかし、ある日《ひ》、黒《くろ》ネコを見《み》たのによいことが次々《つぎつぎ》と起《お》きました。

「なんだ、黒《くろ》ネコを見《み》てもいいことがあるんだ」と思《おも》った途端《とたん》、こんなことでなやんでいた自分《じぶん》がばかばかしくなりました。

試験《しけん》の前《まえ》に「トンカツ（勝《か》つ）」を食《た》べて、験《げん》を担《かつ》ぐことで心《こころ》が落《お》ちつく人《ひと》もいるでしょう。しかし、あまりやりすぎるとそれにしばられて身動《みうご》きがとれなくなってしまいます。

おみくじで「凶《きょう》」を引《ひ》いてしまった。でも、それで今年《ことし》一年《ねん》が悪《わる》い年《とし》になることは絶対《ぜったい》にありません。「今《いま》、気《き》を引《ひ》きしめていきなさい」と教《おし》えてくれているだけのこと。占《うらな》いは、悪《わる》いことは気《き》にせず、よいところを大《おお》いに取《と》り入《い》れましょう。

今《いま》では、黒《くろ》ネコが大好《だいす》きな私《わたし》です。出《で》あうとよいことが起《お》きる気《き》さえします。なんでも気《き》の持《も》ちようなんですよ。

第《だい》3章《しょう》
勉《べん》強《きょう》のコツを知《し》りたいあなたへ

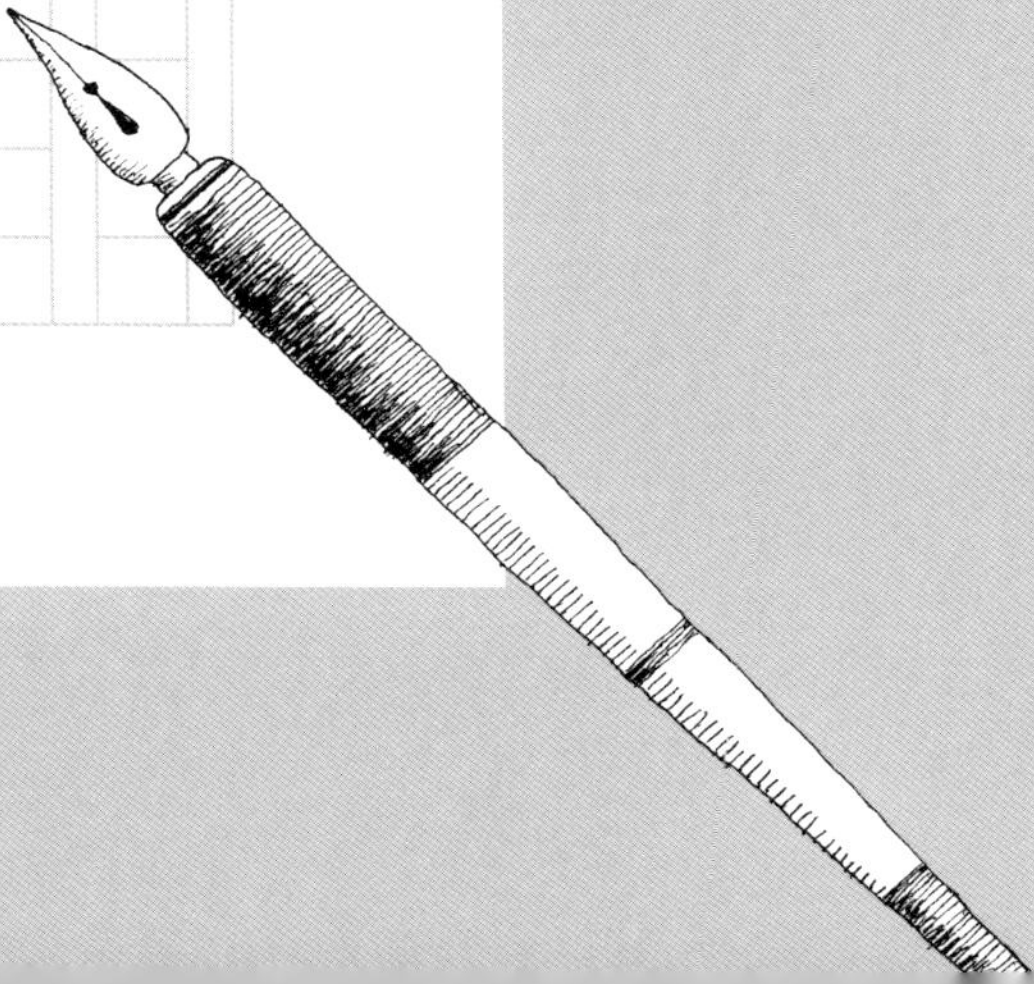

上手《じょうず》に文章《ぶんしょう》を書《か》きたいと思《おも》うあなたへ

あなたに手紙《てがみ》を書《か》きます。上手《じょうず》に文章《ぶんしょう》を書《か》きたいと思《おも》うあなたに手紙《てがみ》を書《か》きます。

メールが発達《はったつ》したこの時代《じだい》、手書《てが》きで手紙《てがみ》を書《か》くのは面倒《めんどう》なことです。しかし、手紙《てがみ》は、文章《ぶんしょう》を上達《じょうたつ》させる最高《さいこう》の方法《ほうほう》なのです。

『あしながおじさん』を読《よ》まれた人《ひと》も多《おお》いでしょう。少女《しょうじょ》ジュディが、会《あ》ったこともない「あしながおじさん」に向《む》けて手紙《てがみ》を書《か》く物語《ものがたり》。愉快《ゆかい》な手紙《てがみ》もあれば、ふくれっ面《つら》で書《か》いた日《ひ》もある。1日何通《にちなんつう》も手紙《てがみ》を書《か》くことによってジュディは、自分《じぶん》の「思《おも》い」を人《ひと》に伝《つた》わる「表現《ひょうげん》」に変《か》える力《ちから》をつけていきます。

「それなら日記《にっき》でもいいじゃないか」。確《たし》かにそうですね。しかし、日記《にっき》と手紙《てがみ》には大《おお》きなちがいがあります。それは相手《あいて》がいることです。だれかに向《む》けて文章《ぶんしょう》を書《か》くと、「その人《ひと》はどう思《おも》うだろう」と考《かんが》えます。その時《とき》、相手《あいて》ばかりではなく「私《わたし》はどう考《かんが》えているのだろう」と、自分《じぶん》のことも普段《ふだん》よりきちんと考《かんが》えなければいけません。相手《あいて》と自分《じぶん》の両方《りょうほう》の気持《きも》ちを考《かんが》える。これが文章上達《ぶんしょうじょうたつ》の秘訣《ひけつ》なのです。手紙《てがみ》を書《か》けば自然《しぜん》とこの力《ちから》がつくのです。

このコラムは手紙《てがみ》の形式《けいしき》を通《つう》じて、あなたに文章力《ぶんしょうりょく》をつけることを目的《もくてき》に書《か》いています。はっきりとものを言《い》う勇気《ゆうき》や苦《くる》しい時《とき》に、へこたれない忍耐力《にんたいりょく》もつけていきたいと考《かんが》えています。もちろん大切《たいせつ》なのは、あなた自身《じしん》が手紙《てがみ》を書《か》くこと。ジュディになることです。手紙《てがみ》を書《か》くと決《き》めて、あたりを見《み》てください。世界《せかい》がちがって見《み》えてきます。

読《よ》みたい本《ほん》を見《み》つけられない あなたへ

あなたに手紙《てがみ》を書《か》きます。読《よ》みたい本《ほん》を見《み》つけられないあなたに手紙《てがみ》を書《か》きます。

私《わたし》には五つ上《うえ》の兄《あに》がいます。小《ちい》さい時《とき》から私《わたし》よりはるかに優秀《ゆうしゅう》でした。兄《あに》が小学《しょうがく》3年生《ねんせい》で読《よ》んだ本《ほん》を私《わたし》は読《よ》めませんでした。つまらないのです。よくわからないのです。親《おや》に読《よ》めと言《い》われると、ますます読《よ》みたくなくなる。そんな状態《じょうたい》がずいぶん長《なが》く続《つづ》きました。

ある日《ひ》、塾《じゅく》の友《とも》だちが『時《とき》をかける少女《しょうじょ》』という小説《しょうせつ》を貸《か》してくれました。「女《おんな》の子《こ》が主人公《しゅじんこう》の小説《しょうせつ》なんて読《よ》めないぜ！」と思《おも》っていたのですが、読《よ》み始《はじ》めたら止《と》まりません。おもしろくて、最後《さいご》の数《すう》ページは終《お》わってしまうのがもったいないほどでした。私《わたし》にとって初《はじ》めての「時《とき》をかける読書体験《どくしょたいけん》」でした。この小説《しょうせつ》を機《き》に、私《わたし》は女《おんな》の子《こ》が主人公《しゅじんこう》の小説《しょうせつ》も読《よ》めるようになりました。兄《あに》の本《ほん》の呪縛《じゅばく》からものがれることができたのです。

アメリカの教育者《きょういくしゃ》ドナリン・ミラーさんが「読書《どくしょ》は頭《あたま》と心《こころ》の冒険《ぼうけん》」と言《い》っています。冒険《ぼうけん》は人《ひと》に指図《さしず》されるものではありません。心《こころ》がワクワクしたら、それがあなたにとって最良《さいりょう》の本《ほん》。名作《めいさく》や推薦図書《すいせんとしょ》じゃなくてもかまわない。つまらないと思《おも》ったら途中《とちゅう》でやめてもいい。その代《か》わり、毎日数行《まいにちすうぎょう》でもいいから必《かなら》ず本《ほん》を読《よ》みましょう。くり返《かえ》していれば、あなたにも「時《とき》をかける読書体験《どくしょたいけん》」がやってきます。その先《さき》は「読書《どくしょ》」という冒険《ぼうけん》が楽《たの》しくて仕方《しかた》なくなるはずです。

暗記力《あんきりょく》を高《たか》めたい あなたへ

あなたに手紙《てがみ》を書《か》きます。暗記力《あんきりょく》を高《たか》めたいあなたに手紙《てがみ》を書《か》きます。

「新《あたら》しい漢字《かんじ》が出《で》てくるたびに、腕《うで》を上《あ》げ、人《ひと》さし指《ゆび》をつき出《だ》して、空中《くうちゅう》にその字《じ》を書《か》くように」と教《おし》えてくれた先生《せんせい》がいました。指《ゆび》先《さき》をちょこちょこ動《うご》かすのではなく、一つの線《せん》が50センチになるくらい大《おお》きな字《じ》を書《か》くのです。

「お風呂《ふろ》に入《はい》った時《とき》や夜《よる》寝《ね》る前《まえ》にもやってごらん。必《かなら》ず漢字《かんじ》を覚《おぼ》えられるよ」と、先生《せんせい》は言《い》いました。私《わたし》は学校《がっこう》の帰《かえ》り道《みち》に、空《そら》に向《む》かって漢字《かんじ》を書《か》き、お風呂《ふろ》ではくもった鏡《かがみ》に新《あたら》しい字《じ》を書《か》きました。ちょっとした時間《じかん》に、空中《くうちゅう》に字《じ》を書《か》くと不思議《ふしぎ》に覚《おぼ》えることができたのです。

手《て》や頭《あたま》だけでなく体全体《からだぜんたい》を使《つか》う。これが暗《あん》

記《き》力《りょく》を高《たか》める秘訣《ひけつ》です。さらに決《き》められた勉《べん》強時間《きょうじかん》だけでなく、トイレや寝《ね》る前《まえ》や休《やす》み時《じ》間《かん》など、すき間《ま》の時間《じかん》を使《つか》って何度《なんど》もやると覚《おぼ》えられます。この方法《ほうほう》は英語《えいご》を習《なら》うようになってからも、難《むずか》しい化学式《かがくしき》を学《まな》ぶようになってからも使《つか》えました。

　また、先生《せんせい》は、こんな方法《ほうほう》も教《おし》えてくれました。「漢字《かんじ》でまちがえそうなところやまちがえたところに、赤《あか》い丸《まる》をつけてごらん。ここが大事《だいじ》って頭《あたま》に焼《や》きつくよ」。やってみると不思議《ふしぎ》です。テストの時《とき》など、その赤《あか》い丸《まる》が注意《ちゅうい》ポイントとして頭《あたま》にうかんでくるのです。体《からだ》を使《つか》う。すき間《ま》の時間《じかん》を使《つか》う。まちがえそうなポイントを明確《めいかく》にする。これだけで、暗記力《あんきりょく》が飛躍的《ひやくてき》に上《あ》がるはず。声《こえ》に出《だ》せばさらに効果《こうか》は上《あ》がります。

苦手《にがて》科目《かもく》があるあなたへ

あなたに手紙《てがみ》を書《か》きます。苦手科目《にがてかもく》があるあなたに手紙《てがみ》を書《か》きます。

私《わたし》は算数《さんすう》が苦手《にがて》でした。国語《こくご》や社会科《しゃかいか》の勉《べん》強《きょう》はいくらでもやれるのに、算数《さんすう》はなかなかやる気《き》が起《お》きませんでした。

きらいなものをどんどん後回《あとまわ》しにしてしまう。結局《けっきょく》、やらない。だから成績《せいせき》が上《あ》がらない。悪循環《あくじゅんかん》でした。

塾《じゅく》の先生《せんせい》に相談《そうだん》すると、「初《はじ》めに算数《さんすう》をやるクセをつけよう。まず苦手《にがて》なものから始《はじ》める。次《つぎ》に、好《す》きな国語《こくご》や社会科《しゃかいか》をやるように」と教《おし》えてくれました。きらいな科目《かもく》を初《はじ》めにやるのは勇気《ゆうき》がいりました。それでも覚悟《かくご》を決《き》めて、毎日算数《まいにちさんすう》から勉強《べんきょう》を始《はじ》めたのです。

ふしぎと成績《せいせき》が上《あ》がっていきました。

算数《さんすう》のテストでいい成績《せいせき》がとれた時《とき》、うれ

しくて塾《じゅく》の先生《せんせい》に見《み》せにいきました。すると先生《せんせい》は、「じゃ、今度《こんど》は好《す》きな科目《かもく》を勉強《べんきょう》し終《お》わった後《あと》に、またきらいな科目《かもく》をやってごらん。きらい、好《す》き、きらいの順《じゅん》で勉強《べんきょう》してみましょう」と言《い》いました。

好《す》きな科目《かもく》で機嫌《きげん》がよくなった後《あと》に、また最後《さいご》にきらいな算数《さんすう》をやる。すると、思《おも》うほどいやではありません。一度《いちど》やっているからなのか。好《す》きな科目《かもく》をやった後《あと》だからなのか。2回目《かいめ》の算数《さんすう》は楽《たの》しく感《かん》じられました。

結局《けっきょく》、きらいな科目《かもく》って、始《はじ》めるのがいやだったり、好《す》きな科目《かもく》と比較《ひかく》するからきらいだったりするんです。順番《じゅんばん》を変《か》えただけで苦手意識《にがていしき》が減《へ》りました。やってごらん。きらい—好《す》き—きらいの順番《じゅんばん》だよ。

睡眠不足《すいみんぶそく》のあなたへ

あなたに手紙《てがみ》を書《か》きます。睡眠不足《すいみんぶそく》のあなたに手紙《てがみ》を書《か》きます。

6歳《さい》から12歳《さい》までの子《こ》どもの理想《りそう》の睡眠時間《すいみんじかん》は、8時間以上《じかんいじょう》。それも夜《よる》10時《じ》までに寝《ね》るのがよいとされています。あなたはどうでしょう。睡眠時間《すいみんじかん》は足《た》りていますか。

テレビやゲームがやめられない。試験勉強《しけんべんきょう》でつい夜《よ》ふかししてしまう。理由《りゆう》はいろいろあるでしょう。理想《りそう》の睡眠時間《すいみんじかん》を確保《かくほ》するのって難《むずか》しいよね。

しかし、睡眠不足《すいみんぶそく》ってとてもこわいのです。記憶力《きおくりょく》が落《お》ちます。イライラして集中《しゅうちゅう》できなくなります。風邪《かぜ》をひきやすくなったり、肥《ひ》満《まん》の原因《げんいん》にもなるのです。あなどってはいけません。とてもおそろしい病気《びょうき》につながることもあるんだよ。

「そうは言《い》うけど、なかなか眠《ねむ》れないよ！」という人《ひと》のために、よい方法《ほうほう》を教《おし》えてあげましょう。ゆったりとした気持《きも》ちになって、自《じ》分《ぶん》のはく息《いき》を数《かぞ》えるのです。すって「ひと～つ」と頭《あたま》の中《なか》で数《かぞ》えてはく。これを10まで数《かぞ》えたら、また1にもどって10回《かい》はく息《いき》を数《かぞ》えます。10、20、30と数《かず》を数《かぞ》えていったら寝《ね》ることよりも、「１００まであと少《すこ》し」なんて考《かんが》えてしまいます。数《かず》ではなく、数《かぞ》えるうちに気持《きも》ちがゆったりしてくることが大切《たいせつ》。勉《べん》強《きょう》もゲームも忘《わす》れて、数《かぞ》えることに集中《しゅうちゅう》しましょう。翌朝《よくちょう》は、体《からだ》も頭《あたま》もスッキリして起《お》きられますよ。

睡眠《すいみん》は、心《こころ》と体《からだ》の栄養《えいよう》です。「はく息《いき》カウント」、今晩《こんばん》から始《はじ》めてみてください。

テストが苦手《にがて》なあなたへ

あなたに手紙《てがみ》を書《か》きます。テストが苦手《にがて》なあなたに手紙《てがみ》を書《か》きます。

さぁ、テストが始《はじ》まりました。問題《もんだい》を見《み》ます。「あぁ、難《むずか》しい！」「やったことがない問《もん》題《だい》がある」「時間《じかん》が足《た》りないなぁ」……。そんな言葉《ことば》が頭《あたま》にうかんできます。

はい、それがよくないんです。よく見《み》てください。どれもみんな否定的《ひていてき》な言葉《ことば》でしょ。不安《ふあん》や否定《ひてい》の言葉《ことば》を野放《のばな》しにすると脳《のう》みそが縮《ちぢ》こまってしまうのです。

もう一度《いちど》、テストをよく見《み》ましょう。「あっ、やったことがある」「簡単《かんたん》そうだ」と思《おも》える問題《もんだい》を探《さが》します。心《こころ》が不安《ふあん》でいっぱいになる前《まえ》に得意《とくい》な箇所《かしょ》を探《さが》して、気持《きも》ちを落《お》ちつけましょう。

さて、問題《もんだい》は、初《はじ》めに難《むずか》しいと感《かん》じたとこ

ろです。その中《なか》で全《まった》く知《し》らないものは捨《す》てます。当《あ》たり前《まえ》ですが、覚《おぼ》えてないものは、思《おも》い出《だ》せないのです。

目指《めざ》すのは、やったことはないけれど解《と》けそうな問題《もんだい》です。算数《さんすう》の文章問題《ぶんしょうもんだい》や図形《ずけい》の解《と》き方《かた》によくありますね。これに挑戦《ちょうせん》してください。

この時《とき》も肯定的《こうていてき》に考《かんが》えて、「どうすればもっとわかりやすくなるのか」「以前《いぜん》やった問題《もんだい》に似《に》てないかな」「どの部分《ぶぶん》が一番《いちばん》わからないのかな」と、前向《まえむ》きな質問《しつもん》を自分《じぶん》に浴《あ》びせます。いっぱい補助線《ほじょせん》を引《ひ》き、思《おも》いついたことを書《か》き出《だ》し、鉛筆《えんぴつ》からけむりが出《で》るくらい書《か》いて、書《か》いて、書《か》きまくります。そうすれば、たとえできなくても次《つぎ》につながります。あなたの力《ちから》になるのです。

テストで悪《わる》い点数《てんすう》をとってしまったあなたへ

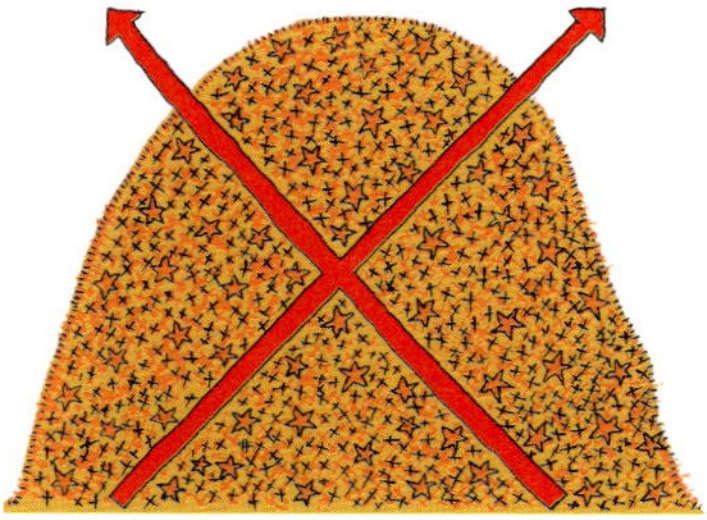

あなたに手紙《てがみ》を書《か》きます。テストで悪《わる》い点数《てんすう》をとってしまったあなたに手紙《てがみ》を書《か》きます。まちがいだらけの答案用紙《とうあんようし》は、だれにも見《み》られたくありません。自分《じぶん》も目《め》をそむけたくなりますね。でも、少《すこ》しだけ勇気《ゆうき》を出《だ》して、もう一度《いちど》答案用紙《とうあんようし》をながめてください。そして少《すこ》しだけ考《かんが》え方《かた》を変《か》えてみましょう。

そこにあるのは「まちがい」ではありません。あなたがもう一度《いちど》勉強《べんきょう》すれば必《かなら》ず実力《じつりょく》がつく宝《たから》の山《やま》です。

東京大学《とうきょうだいがく》に合格《ごうかく》した私《わたし》の友人《ゆうじん》は、テストで失敗《しっぱい》したところをぬき書《が》きして「まちがいノート」を作《つく》ったそうです。算数《さんすう》も国語《こくご》も理科《りか》も、まちがえたところを1冊《さつ》のノートに書《か》く。いつでもそれをながめてやり直《なお》す。初《はじ》めは、「難《むずか》しくてわからない」「うっかりミスをしちゃった」と、ながめること自体《じたい》がつらかったそうです。でもくり返《かえ》しているうちに、「難《むずか》しい問題《もんだい》」が簡単《かんたん》に解《と》けるようになった。自分《じぶん》がどんなところでミスするのかがわかってきたそうです。

「まちがいは、得点《とくてん》アップの情報《じょうほう》だよ」。東《とう》大《だい》に合格《ごうかく》した友人《ゆうじん》は、分厚《ぶあつ》い「まちがいノート」を何冊《なんさつ》も見《み》せてくれました。彼《かれ》を成功《せいこう》に導《みちび》いた数々《かずかず》のまちがいの横《よこ》にはいくつも「正《せい》」の字《じ》が並《なら》んでいて、7回《かい》も、8回《かい》もやり直《なお》したことがわかりました。

テストの悪《わる》い点数《てんすう》で、落《お》ちこんでばかりではいけません。まちがいを正視《せいし》して、実力《じつりょく》をつける宝《たから》の山《やま》だと意識《いしき》を変《か》えていきましょう。なんでも明《あか》るくとらえることが大事《だいじ》ですね。

きたない字《じ》を書《か》いているあなたへ

あなたに手紙《てがみ》を書《か》きます。きたない字《じ》を書《か》いているあなたに手紙《てがみ》を書《か》きます。

『東大合格生《とうだいごうかくせい》のノートはかならず美《うつく》しい』（著《ちょ》・太田《おおた》あや）という本《ほん》があります。東京大《とうきょうだい》学《がく》に合格《ごうかく》した人《ひと》のノートを集《あつ》めて紹介《しょうかい》しています。まだ小学生《しょうがくせい》のあなたには難《むずか》しいことが書《か》かれています。しかし、その文字《もじ》とノートの美《うつく》しさはわかるはず。あなたの想像《そうぞう》をはるかにこえた美《うつく》しさだと思《おも》います。

もちろん、東大合格者全員《とうだいごうかくしゃぜんいん》の字《じ》がきれいだというわけではありません。しかし、一つの傾向《けいこう》として、美《うつく》しく、わかりやすい字《じ》をノートに書《か》いていることは確《たし》かです。

手《て》で書《か》く字《じ》には、あなたの性格《せいかく》やその時《とき》の気持《きも》ちが正直《しょうじき》に表《あらわ》れてしまいます。「勉強《べんきょう》したくないなぁ」と思《おも》いながら書《か》けば、そういう字《じ》になります。「だれかにこれを伝《つた》えたい」と思《おも》いをこめて書《か》けば、字《じ》がそれに応《こた》えてくれます。字《じ》のうまい、下手《へた》ではないのです。ていねいに心《こころ》をこめて書《か》いているか。さらに、自分《じぶん》だけでなく読《よ》んでもらう人《ひと》にもわかりやすく、親切《しんせつ》な字《じ》になっているか。そこが大切《たいせつ》なのです。

この本《ほん》をながめていると、東大《とうだい》に入《はい》った人《ひと》の多《おお》くが、合格《ごうかく》への思《おも》いをこめて文字《もじ》を書《か》き、採点者《さいてんしゃ》にわかりやすいようにと心配《こころくば》りしていたことがわかります。

どうですか、あなたの字《じ》は自分勝手《じぶんかって》な乱暴《らんぼう》な字《じ》じゃないですか。学力《がくりょく》を向上《こうじょう》させようと思《おも》うなら字《じ》をていねいに書《か》きましょう。心《こころ》がければ東大合格《とうだいごうかく》も夢《ゆめ》じゃありません。

中学受験《ちゅうがくじゅけん》を目指《めざ》すあなたへ

あなたに手紙《てがみ》を書《か》きます。中学受験《ちゅうがくじゅけん》を目指《めざ》すあなたに手紙《てがみ》を書《か》きます。

私《わたし》も小学生《しょうがくせい》のころ、中学受験《ちゅうがくじゅけん》を目指《めざ》していました。合格《ごうかく》に向《む》けて勉強《べんきょう》していました。

ところが、受験《じゅけん》が近《ちか》づいてきた12月の夕方《ゆうがた》、校門《こうもん》を出《で》たところで交通事故《こうつうじこ》にあってしまったのです。鎖骨《さこつ》を折《お》って入院《にゅういん》し、鉛筆《えんぴつ》を持《も》つことができなくなりました。受験《じゅけん》をあきらめなければいけませんでした。

私《わたし》にとっては、生《う》まれて初《はじ》めての挫折《ざせつ》。運《うん》命《めい》をのろうできごとでした。しかし、この経《けい》験《けん》を通《とお》して私《わたし》は、「勉強《べんきょう》とは何《なに》か」「学校《がっこう》とは何《なに》か」「人生《じんせい》とは何《なに》か」と深《ふか》く考《かんが》えるようになったのです。

「志《こころざし》」という言葉《ことば》があります。「士《し》」には昔《むかし》、「足《あし》」という意味《いみ》があり、心《こころ》の進《すす》む方向《ほうこう》を表《あらわ》しています。中国《ちゅうごく》の思想家《しそうか》・王陽明《おうようめい》は、「どんな生《い》き方《かた》をするか覚悟《かくご》すること」だと言《い》っています。私《わたし》は受験《じゅけん》ができなかったけれど、事《じ》故《こ》にあって入院《にゅういん》している間《あいだ》に「本《ほん》をいっぱい読《よ》んで、文章《ぶんしょう》を書《か》いて暮《く》らしたい」という「志《こころざし》」のタマゴのようなものを得《え》ることができました。

受験《じゅけん》するあなたも、ただ目標《もくひょう》の中学《ちゅうがく》に合格《ごうかく》するだけでなく、将来何《しょうらいなに》をやりたいか。どんな生《い》き方《かた》をするかを考《かんが》えてほしい。それを考《かんが》えるのにふさわしい年齢《ねんれい》が、中学受験《ちゅうがくじゅけん》のころだと思《おも》っています。

私《わたし》は、けっして優秀《ゆうしゅう》な学生《がくせい》ではなかったけれど、文章《ぶんしょう》で身《み》を立《た》てたいという志《こころざし》は通《とお》しました。それでよかったと思《おも》っています。その方《ほう》が大事《だいじ》だと信《しん》じています。

問題集《もんだいしゅう》を上手《じょうず》に活用《かつよう》したいあなたへ

あなたに手紙《てがみ》を書《か》きます。問題集《もんだいしゅう》を上手《じょうず》に活用《かつよう》したいあなたに手紙《てがみ》を書《か》きます。

これは私《わたし》が家庭教師《かていきょうし》をしていた時《とき》に、生徒《せいと》に教《おし》えたやり方《かた》です。

まず、問題集《もんだいしゅう》を選《えら》びます。基準《きじゅん》は、うすいこと。なぜなら7回《かい》くり返《かえ》してやるからです。「え？　何《なん》で7回《かい》もやるの」とおどろくでしょう。実《じつ》は人間《にんげん》の記憶《きおく》には一定《いってい》の法則《ほうそく》があります。反復《はんぷく》すればするほどしっかりと頭《あたま》に残《のこ》るのです。分厚《ぶあつ》い問題集《もんだいしゅう》を最後《さいご》までやる。すごく達成感《たっせいかん》はあるけれど効率的《こうりつてき》ではありません。

問題《もんだい》を解《と》いていきます。その時《とき》、わざと大《おお》きな声《こえ》を出《だ》したり、びっくりしたり、「うれしい！」とさけんだり、感情《かんじょう》をたくさん交《まじ》えながら解《と》いていきます。「これを作《つく》った人《ひと》、ここでひっかけようと思《おも》ったんだな！　その手《て》にのるもんか！」「うわぁ、ここに補助線《ほじょせん》を引《ひ》いたら、すぐ解《と》けた。びっくりしたなぁ」なんて、感情《かんじょう》を口《くち》にしていきます。

反復《はんぷく》すること。感情《かんじょう》をいっぱい出《だ》すこと。これを生徒《せいと》といっしょに7回《かい》やりました。わざと大《おお》きなマルをつけたり、まちがったところを大《おお》きく書《か》いて張《は》り出《だ》したりしてね。

人間《にんげん》の記憶《きおく》って不思議《ふしぎ》なものです。「あぁ、この問題《もんだい》を解《と》いた時《とき》、こんな気持《きも》ちになったな」と、感情《かんじょう》が結《むす》びつけられることで脳《のう》の深《ふか》くまで浸透《しんとう》するのです。それを7回《かい》くり返《かえ》せば、問題《もんだい》を見《み》た瞬間《しゅんかん》に、答《こた》えがうかびます。

ここまでがんばった生徒《せいと》は、みんな志望校《しぼうこう》に入《はい》りました。合格通知《ごうかくつうち》を見《み》て、２人で感情《かんじょう》を爆発《ばくはつ》させて喜《よろこ》んだものです。

宿題《しゅくだい》を忘《わす》れてしまうあなたへ

あなたに手紙《てがみ》を書《か》きます。宿題《しゅくだい》を忘《わす》れてしまうあなたに手紙《てがみ》を書《か》きます。

ドイツの哲学者《てつがくしゃ》にカントという人《ひと》がいます。大変《たいへん》にきちょうめんな人《ひと》で、朝《あさ》は必《かなら》ず同《おな》じ時《じ》間《かん》に起《お》き、午前中《ごぜんちゅう》に仕事《しごと》をしました。午後《ごご》になると散歩《さんぽ》に出《で》ます。その時間《じかん》があまりにも正確《せいかく》なので、近所《きんじょ》の人《ひと》たちはカントの散歩《さんぽ》を時計《とけい》がわりにしていたそうです。

なぜカントは、すばらしい業績《ぎょうせき》をたくさん残《のこ》すことができたのか。その一つの理由《りゆう》として、多《おお》くの人《ひと》が彼《かれ》の「規則正《きそくただ》しい生活《せいかつ》」をあげています。

あなたも経験《けいけん》があるでしょう。夜寝《よるね》るのがおそくなったり、お昼《ひる》までぼんやりしていたりすると、何《なに》をやるのも面倒《めんどう》くさくなってしまいます。時間《じかん》が乱《みだ》れてしまうと、調子《ちょうし》までくるってしまうものです。不規則《ふきそく》な生活《せいかつ》をやめて、カントのように自分《じぶん》で決《き》めた時間《じかん》を守《まも》る。これはあなたの成績《せいせき》をぐんと上《あ》げるきっかけになるはずです。

まずは宿題《しゅくだい》をする時間《じかん》を決《き》めましょう。学校《がっこう》から帰《かえ》ってなるべく早《はや》い時間《じかん》に「宿題《しゅくだい》タイム」を作《つく》ってしまいます。毎日《まいにち》30分間《ぷんかん》は、宿題《しゅくだい》があってもなくても机《つくえ》に座《すわ》ります。カントになった気分《きぶん》で、周囲《しゅうい》の人《ひと》が時計《とけい》がわりにするくらい正確《せいかく》に、毎日《まいにち》なまけずに座《すわ》ります。宿題《しゅくだい》がない日《ひ》は、今日《きょう》学校《がっこう》で習《なら》ったことを復習《ふくしゅう》しましょう。「規則正《きそくただ》しい生活《せいかつ》」を手《て》に入《い》れれば、あなたは今《いま》よりずっと勉強《べんきょう》が楽《たの》しくなる。成績《せいせき》もあがるでしょう。

カントは、こんな言葉《ことば》を残《のこ》しています。「努力《どりょく》による習慣《しゅうかん》だけが、善《ぜん》である」と。

受験校《じゅけんこう》に悩《なや》んでいるあなたへ

あなたに手紙《てがみ》を書《か》きます。受験校《じゅけんこう》に悩《なや》んでいるあなたに手紙《てがみ》を書《か》きます。

あなたは自分《じぶん》が受《う》ける学校《がっこう》に行《い》ってみましたか。学校《がっこう》だけではありません。最寄《もよ》りの駅《えき》や学校周辺《がっこうしゅうへん》の町並《まちな》み。校庭《こうてい》で部活動《ぶかつどう》する先輩《せんぱい》の姿《すがた》を見《み》て、食堂《しょくどう》のにおいをかぎ、校内《こうない》に咲《さ》く花々《はなばな》をながめる。ぜひ、これをやってください。

そして目《め》を閉《と》じます。想像《そうぞう》してください。この校舎《こうしゃ》で勉強《べんきょう》する自分《じぶん》。食堂《しょくどう》で友《とも》だちとおしゃべりしながらご飯《はん》を食《た》べる自分《じぶん》。部活《ぶかつ》に入《はい》り、校庭《こうてい》で汗《あせ》を流《なが》して、気持《きも》ちよい疲労《ひろう》を感《かん》じながら帰途《きと》につく自分《じぶん》を。

どうです。しっくりきますか。楽《たの》しそうですか。自分《じぶん》の理想《りそう》の姿《すがた》に合《あ》っていますか。

受験《じゅけん》は、成績《せいせき》にばかり目《め》がいきがちです。

偏差値《へんさち》が上《あ》がったとか、合格圏内《ごうかくけんない》に入《はい》ったとか。しかし、数字《すうじ》だけを追《お》いかけているのでは単《たん》なるゲームになってしまいます。

大切《たいせつ》なのは生活《せいかつ》です。あなたの理想《りそう》とする中学校生活《ちゅうがっこうせいかつ》がそこにあることです。頭《あたま》だけでなく、目《め》や耳《みみ》や鼻《はな》で感《かん》じたものも大切《たいせつ》にしましょう。いくつかの学校《がっこう》を回《まわ》って、一番《いちばん》しっくりする。本当《ほんとう》はそこがあなたの志望《しぼう》すべき学校《がっこう》なのです。

しっかりと自分《じぶん》の理想《りそう》をえがき、そこで自《じ》分《ぶん》がどんなふるまいをしているかを考《かんが》える。その風景《ふうけい》にワクワクしながら勉強《べんきょう》する。それが受験勉強《じゅけんべんきょう》です。

未来《みらい》を具体的《ぐたいてき》に思《おも》いえがくこと。すべてはここから始《はじ》まります。理想《りそう》の自分《じぶん》がえがければ、後《あと》はそこに向《む》かって進《すす》むだけです。

勉強《べんきょう》の効率《こうりつ》を上《あ》げたいあなたへ

あなたに手紙《てがみ》を書《か》きます。勉強《べんきょう》の効率《こうりつ》をもっと上《あ》げたいあなたに手紙《てがみ》を書《か》きます。

インド独立《どくりつ》の父《ちち》マハトマ・ガンジー。民衆《みんしゅう》に対《たい》して暴動《ぼうどう》を起《お》こすのではなく、「非暴《ひぼう》力《りょく》・不服従《ふふくじゅう》」というたたかい方《かた》を提唱《ていしょう》した人《ひと》です。

彼《かれ》には勉強《べんきょう》の効率《こうりつ》を上《あ》げるための日課《にっか》がありました。

毎日《まいにち》15分《ふん》。歯《は》をみがく鏡《かがみ》の前《まえ》に紙《かみ》をはって、そこに書《か》かれたものを暗記《あんき》していく。これをおこたることなく続《つづ》けたそうです。

毎日《まいにち》同《おな》じ時間《じかん》に、同《おな》じ場所《ばしょ》で、同《おな》じように頭《あたま》を使《つか》って記憶《きおく》する。しかも、歯《は》をみがくと脳《のう》も活性化《かっせいか》するそうで、一石二鳥《いっせきにちょう》の効果《こうか》がありました。

この話《はなし》を読《よ》んで、私《わたし》も受験勉強《じゅけんべんきょう》をしていた

時代《じだい》を思《おも》い出《だ》しました。記憶《きおく》を確《たし》かなものにするために、場所《ばしょ》といっしょに年号《ねんごう》や単語《たんご》を覚《おぼ》えていったのです。

歯《は》をみがく鏡《かがみ》の前《まえ》はもちろん、トイレにも玄関《げんかん》にも、暗記《あんき》したい内容《ないよう》がはってありました。町《まち》に出《で》ても、「あの電柱《でんちゅう》を見《み》たら思《おも》い出《だ》す単語《たんご》や記号《きごう》」がありました。学校近《がっこうちか》くの電柱《でんちゅう》を見《み》て、明治時代《めいじじだい》の「不平等条約《ふびょうどうじょうやく》」の歴史《れきし》を言《い》えるようにしていたのです。

記憶《きおく》は不思議《ふしぎ》なもので、においや色《いろ》や場所《ばしょ》などといっしょに覚《おぼ》えるとなかなか忘《わす》れないのです。

「ガンジー記憶法《きおくほう》」、あなたも試《ため》してみてはいかがでしょう。家《いえ》の中《なか》も町《まち》も勉強部屋《べんきょうべや》にすれば、きっと能率《のうりつ》が上《あ》がります。

体育《たいいく》の力《ちから》をのばしたいあなたへ

あなたに手紙《てがみ》を書《か》きます。体育《たいいく》の力《ちから》をのばしたいあなたに手紙《てがみ》を書《か》きます。

実《じつ》は、あなたにこの手紙《てがみ》を書《か》いている今《いま》、私《わたし》は会社《かいしゃ》を休《やす》んでいます。ひと月前《つきまえ》に大《おお》きな手術《しゅじゅつ》をしました。体中《からだじゅう》に何本《なんぼん》も管《くだ》を入《い》れられ、食《た》べることも、トイレにも行《い》けませんでした。

10日《か》ほどの入院《にゅういん》なのに、ふくらはぎやお尻《しり》の筋肉《きんにく》がげっそり落《お》ちました。坂道《さかみち》を歩《ある》くと息《いき》が上《あ》がり、途中《とちゅう》で何度《なんど》も休《やす》まなければなりません。

つくづく健康《けんこう》の大切《たいせつ》さを感《かん》じています。頭《あたま》も手《て》も動《うご》くのですが、病気《びょうき》だったり、体力《たいりょく》が落《お》ちていたりすると、思《おも》ったように文章《ぶんしょう》が書《か》けません。何《なん》とかしなければいけない。そう思《おも》って、近《ちか》くの公園《こうえん》を毎日《まいにち》ゆっくりと歩《ある》いています。それだけで重労働《じゅうろうどう》なのです。

体育《たいいく》は何《なん》のためにやるのでしょう。いろいろあります。チームワークを学《まな》んだり、ねばることや、あきらめない力《ちから》を養《やしな》ったりもできます。

しかし、今《いま》、私《わたし》が思《おも》うのは、あなたが病気《びょうき》をせず健康《けんこう》な生活《せいかつ》を送《おく》るための基礎《きそ》を体育《たいいく》は作《つく》ってくれるのです。学《まな》んでほしいのは「運動《うんどう》好《ず》き」になることです。

あなたは運動音痴《うんどうおんち》かもしれない。みんなより走《はし》るのがおそいかもしれない。でも、他人《たにん》と比《くら》べるのではなく、「自分《じぶん》は運動好《うんどうず》き」と心《こころ》に決《き》めてください。運動好《うんどうず》きだから、電車《でんしゃ》に乗《の》っても立《た》っていられるのです。

体育《たいいく》は、勉強以前《べんきょういぜん》にあなたが愉快《ゆかい》に暮《く》らしていける基礎《きそ》を作《つく》ります。「運動好《うんどうず》き」になりましょう。さぁ、階段《かいだん》をかけ上《あ》がろう。

観察《かんさつ》が苦手《にがて》なあなたへ

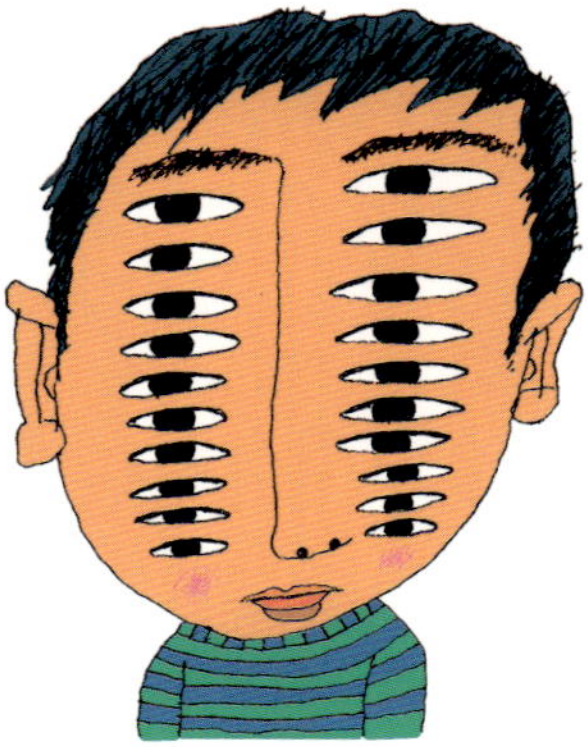

あなたに手紙《てがみ》を書《か》きます。観察《かんさつ》が苦手《にがて》なあなたに手紙《てがみ》を書《か》きます。

私《わたし》の友《とも》だちの話《はなし》です。小学生《しょうがくせい》のころに「お母《かあ》さんの顔《かお》」をかく宿題《しゅくだい》が出《で》たそうです。絵《え》が好《す》きだった友《とも》だちは、クレヨンで一生懸命《いっしょうけんめい》、お母《かあ》さんをかきました。でも、学校《がっこう》に持《も》っていったらみんなに笑《わら》われたそうです。

彼《かれ》の絵《え》だけお母《かあ》さんの顔《かお》にシワがありました。鼻《はな》は黒《くろ》い穴《あな》が開《あ》いていて、笑《わら》い顔《がお》でもありません。ほかの子《こ》の絵《え》はみんな目《め》がたれていて、線一本《せんいっぽん》で口《くち》もとが笑顔《えがお》にかけています。どれも判《はん》でおしたように同《おな》じ笑顔《えがお》にかけていました。

「鼻《はな》の穴《あな》もシワもないなんて変《へん》じゃないか」。そう思《おも》ったのですが、授業参観《じゅぎょうさんかん》の時《とき》にお母《かあ》さんにその絵《え》を見《み》られて「はずかしい」と言《い》われてしまいました。絵《え》をかくことがきらいになったそうです。

しかし、中学《ちゅうがく》に入《はい》るとようすが変《か》わりました。美術《びじゅつ》の先生《せんせい》に「よく観察《かんさつ》している」とほめられるようになったのです。人《ひと》の顔《かお》をかく時《とき》、シワもたるみも観察《かんさつ》しました。おこった表情《ひょうじょう》も、悲《かな》しい顔《かお》も観察《かんさつ》しました。観察《かんさつ》したものを表現《ひょうげん》しているうちに、彼《かれ》は美術大学《びじゅつだいがく》に進《すす》み、今《いま》では名《な》の売《う》れたデザイナーになっています。

お母《かあ》さんの顔《かお》は、笑顔《えがお》が正《ただ》しい。こんなふうに決《き》めつけていたら観察《かんさつ》はできません。真《ま》っ白《しろ》い頭《あたま》で、正《ただ》しくながめていきましょう。先入観《せんにゅうかん》を捨《す》てるところから観察《かんさつ》は始《はじ》まります。

しっかりとお母《かあ》さんの顔《かお》を見《み》る。鼻《はな》の穴《あな》も、シワもあるでしょう。それが、観察《かんさつ》です。

国語《こくご》の力《ちから》をのばしたいあなたへ

あなたに手紙《てがみ》を書《か》きます。国語《こくご》の力《ちから》をのばしたいあなたに手紙《てがみ》を書《か》きます。

何《なに》かを始《はじ》める時《とき》は、それをやった結果《けっか》、自《じ》分《ぶん》は何《なに》を得《え》られるのか考《かんが》える必要《ひつよう》があります。「国語《こくご》なんて何《なん》の役《やく》に立《た》つんだろう」と疑《うたが》いながら勉強《べんきょう》しても力《ちから》がつかないからね。

国語《こくご》の勉強《べんきょう》で、あなたは何《なに》を得《とく》するのでしょう。一般的《いっぱんてき》には読解力《どっかいりょく》や表現力《ひょうげんりょく》がつくと言《い》われるけれど、ピンとこないよね。そこでちょっと想像《そうぞう》のつばさを広《ひろ》げてみましょう。

あなたは今《いま》、一人でいます。かなり長《なが》い時《じ》間《かん》、ぽつんと一人でいます。あなたの心《こころ》にはどんな言葉《ことば》がうかびますか。「さびしい」「孤《こ》独《どく》」「つまらない」……。まず、そんな単語《たんご》が思《おも》いつきますよね。

もっと探《さぐ》ってみましょう。「せつない」「やるせない」「心《こころ》さびしい」。さらには「天涯《てんがい》孤《こ》独《どく》」なんて言葉《ことば》もうかんできます。

語彙《ごい》が豊富《ほうふ》であれば、自分《じぶん》の今《いま》の気持《きも》ちにぴったり当《あ》てはまる単語《たんご》が見《み》つかります。それを人《ひと》に伝《つた》えればあなたの気持《きも》ちは、正《ただ》しく、深《ふか》く相手《あいて》に伝《つた》わるのです。

国語《こくご》は、自分《じぶん》の気持《きも》ちや心《こころ》の動《うご》きを正確《せいかく》に読《よ》み解《と》く力《ちから》を養《やしな》います。さらにはいろいろな人《ひと》と言葉《ことば》を通《とお》して深《ふか》く通《つう》じ合《あ》うことができるのです。

つまり、国語《こくご》とは、あなたのコミュニケーション力《りょく》を上《あ》げる勉強《べんきょう》なのです。学《まな》べば学《まな》ぶほど、人《ひと》と自分《じぶん》の心《こころ》がわかるようになるからね。

そのために、たくさん本《ほん》を読《よ》みましょう。国語《こくご》を勉強《べんきょう》してください。

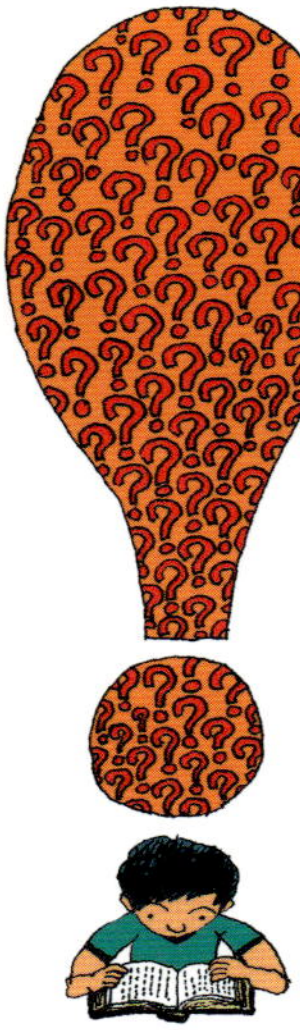

読書感想文《どくしょかんそうぶん》が書《か》けないあなたへ

あなたに手紙《てがみ》を書《か》きます。読書感想文《どくしょかんそうぶん》が書《か》けないあなたに手紙《てがみ》を書《か》きます。

子《こ》どものころ、私《わたし》は本《ほん》を読《よ》むのがきらいでした。読《よ》んでもわからない。数行《すうぎょう》読《よ》むと、すぐちがうことを考《かんが》えてしまうのです。だから読書感想文《どくしょかんそうぶん》は大《だい》の苦手《にがて》。夏休《なつやす》みの最後《さいご》になって、「あとがき」を適当《てきとう》に写《うつ》していました。

ある日《ひ》、私《わたし》の感想文《かんそうぶん》を読《よ》んだ父《ちち》が「ズルをしていないか」と厳《きび》しい顔《かお》で言《い》うのです。「あとがき」を写《うつ》したことがバレてしまいました。「おこられる！」と思《おも》ったら、父《ちち》は「1日《にち》、本《ほん》を貸《か》してくれ」と言《い》い、翌朝《よくちょう》、「感想《かんそう》文《ぶん》」の1行目《ぎょうめ》だけを原稿用紙《げんこうようし》に書《か》きました。「ここから先《さき》は、自分《じぶん》でよく読《よ》んで書《か》きなさい」。ズルをした引《ひ》け目《め》もあった私《わたし》は、初《はじ》めてまともにその本《ほん》を読《よ》みました。父《ちち》の文章《ぶんしょう》の後《あと》を書《か》くのは、初《はじ》めから自分《じぶん》で書《か》くよりも大《たい》変《へん》でした。「父《ちち》は何《なに》を考《かんが》えて書《か》いたのだろう」と考《かんが》えました。結局残《けっきょくのこ》された夏休《なつやす》みの間《あいだ》、何《なん》度《ど》も真剣《しんけん》に読《よ》みました。

ある夕暮《ゆうぐ》れ。買《か》い物《もの》の帰《かえ》りに、ぱっとひらめくものがありました。「もう、書《か》ける」と思《おも》いました。「作文《さくぶん》の神《かみ》さま」が頭《あたま》の上《うえ》に降《お》りてきたようでした。その夜《よ》、寝《ね》るのも忘《わす》れて書《か》きました。そして、その作文《さくぶん》が認《みと》められたことが、私《わたし》が文章《ぶんしょう》を書《か》く仕事《しごと》に就《つ》くきっかけになりました。

あなたにも猛烈《もうれつ》に本《ほん》を読《よ》んでほしい。何度《なんど》も読《よ》み、ずっと考《かんが》えてほしい。それがなければ感想文《かんそうぶん》は書《か》けません。真剣《しんけん》に読《よ》めば必《かなら》ずいい作文《さくぶん》が書《か》けます。それは保証《ほしょう》します。

算数《さんすう》の力《ちから》をのばしたいあなたへ

あなたに手紙《てがみ》を書《か》きます。算数《さんすう》の力《ちから》をのばしたいあなたに手紙《てがみ》を書《か》きます。

何度《なんど》も書《か》きます。私《わたし》は算数《さんすう》が苦手《にがて》でした。計算《けいさん》まちがいばかり。楽《たの》しくないので、いつの間《ま》にかきらいになってしまいました。

どうして算数《さんすう》が苦手《にがて》だったのだろう。今《いま》になって考《かんが》えてみると思《おも》い当《あ》たるフシがあります。私《わたし》は順番通《じゅんばんどお》りに何《なに》かをやるのが苦手《にがて》だったのです。算数《さんすう》は一定《いってい》の法則《ほうそく》に基《もと》づいて、正《せい》解《かい》を導《みちび》き出《だ》す勉強《べんきょう》です。だから、正《ただ》しく順番《じゅんばん》通《どお》りに考《かんが》えていく力《ちから》を必要《ひつよう》とするのです。

ところが、なまけ者《もの》で気分《きぶん》にムラのある私《わたし》は、少《すこ》しでも楽《らく》をしようと、勝手《かって》に自分《じぶん》のわかるところから解《と》いていこうとしました。途《と》中《ちゅう》までいくと、つじつまが合《あ》わなくなって放《ほう》り出《だ》す。これじゃ得意《とくい》になるわけがないよね。

算数《さんすう》ができるようになるには、「まずここから始《はじ》めて、次《つぎ》にこれをやる」と、筋道《すじみち》をつけていくことが大切《たいせつ》。これを難《むずか》しい言葉《ことば》では「論理的《ろんりてき》に考《かんが》える」と言《い》います。将来《しょうらい》、あなたがどんなに入《い》りくんだ問題《もんだい》に直面《ちょくめん》しても、算《さん》数《すう》で物事《ものごと》を順番《じゅんばん》に解《と》いていく力《ちから》をきたえていれば、効率《こうりつ》よくゴールを見《み》つけることができます。

算数《さんすう》を勉強《べんきょう》しましょう。ゆっくりでいいのです。「一つひとつ順番《じゅんばん》に、ていねいに解《と》いていくぞ！」と念《ねん》じてください。やがてスピードが上《あ》がります。そうなれば、あなたは算数《さんすう》ばかりか、あらゆる問題《もんだい》を論理的《ろんりてき》に考《かんが》える力《ちから》が身《み》についているはずです。

成績《せいせき》がのび悩《なや》んでいる あなたへ

あなたに手紙《てがみ》を書《か》きます。成績《せいせき》がのび悩《なや》んでいるあなたに手紙《てがみ》を書《か》きます。

高校生《こうこうせい》のころに成績《せいせき》が急速《きゅうそく》に落《お》ちた時期《じき》がありました。夏休《なつやす》みを過《す》ぎたあたりから一気《いっき》に下降線《かこうせん》。ジタバタしてもなかなか上《あ》がりませんでした。

なぜだろうと考《かんが》えて、はたと気《き》づきました。夏《なつ》のころから予習《よしゅう》の時《とき》にズルをしていたのです。教科書《きょうかしょ》の答《こた》えが書《か》いてある参考書《さんこうしょ》を買《か》って、それを写《うつ》していました。これだけのことで成績《せいせき》がおもしろいように落《お》ちたのです。

「ズルをすると天罰《てんばつ》があたる」

一度楽《いちどらく》をしてしまうと、なかなかそこからぬけられなくなるのです。

これは勉強《べんきょう》だけのことではありません。サッカーの練習《れんしゅう》をしている。どこかでズルをして、楽《らく》することを覚《おぼ》えてしまう。途端《とたん》に下手《へた》になります。ボールが言《い》うことを聞《き》いてくれなくなるのです。ズルでまねいたスランプは長《なが》くなります。一度《いちど》なまけた体《からだ》と心《こころ》は元《もと》にもどらないのです。

英語学者《えいごがくしゃ》の渡部昇一先生《わたなべしょういちせんせい》は、成績《せいせき》をのばすには「知的正直《ちてきしょうじき》」であることが大切《たいせつ》だと言《い》いました。この意味《いみ》は、「わからないのにわかったふりをしない」ということです。わからないことよりも、わかったふりをすることの方《ほう》が、ずっとこわいのです。

何事《なにごと》においてもズルはやめましょう。わかったふり、できたふりをしないこと。これさえ守《まも》れば、必《かなら》ずグンと成績《せいせき》が上《あ》がります。勝利《しょうり》の女神《めがみ》は、正直者《しょうじきもの》だけにほほえんでくれるのです。

理科《りか》の力《ちから》をのばしたいあなたへ

あなたに手紙《てがみ》を書《か》きます。理科《りか》の力《ちから》をのばしたいあなたに手紙《てがみ》を書《か》きます。

その女《おんな》の子《こ》は5年生《ねんせい》でした。理科《りか》が大好《だいす》きで、夜空《よぞら》を見上《みあ》げては星座《せいざ》の話《はなし》をしてくれました。ひと夜《よ》だけ咲《さ》く花《はな》「月下美人《げっかびじん》」が咲《さ》いた日《ひ》は、夜通《よどお》しカメラでその変化《へんか》を撮影《さつえい》していました。

「どうしてそんなに熱心《ねっしん》に観察《かんさつ》できるの？」

とたずねたところ、「もしかしたら、こんなふうに咲《さ》くかもしれない。しぼむ時《とき》は、あのあたりからしぼむかもしれないって考《かんが》えるのが楽《たの》しいので、眠《ねむ》くもなりません」と答《こた》えてくれました。

私《わたし》は彼女《かのじょ》の言葉《ことば》と行動《こうどう》の中《なか》に、理科《りか》を勉強《べんきょう》することによって身《み》につくものが入《はい》っていると思《おも》いました。

一つは「観察力《かんさつりょく》」です。「眠《ねむ》いなぁ」とか、「ちっとも変《か》わらないなぁ」とか、自分《じぶん》の感情《かんじょう》を入《い》れずに見澄《みす》ます力《ちから》がつきます。

もう一つは「こうなるんじゃないか」と仮《かり》の説《せつ》を自分《じぶん》で作《つく》っていく「仮説能力《かせつのうりょく》」を養《やしな》えるのです。

客観的《きゃっかんてき》に見澄《みす》まし、「こんなふうに変化《へんか》するかもしれない」と予測《よそく》する。「観察力《かんさつりょく》」と「仮説能力《かせつのうりょく》」を理科《りか》で身《み》につければ、どんな場《ば》面《めん》でも役《やく》に立《た》ちます。事実《じじつ》、この女《おんな》の子《こ》は大《だい》学《がく》に進学《しんがく》し、来年《らいねん》から超一流《ちょういちりゅう》のホテルで働《はたら》くことが決《き》まりました。お客《きゃく》さまの動《うご》きを観察《かんさつ》し、「こんなことがお望《のぞ》みかもしれない」と仮《か》説《せつ》を立《た》てて動《うご》く。理科《りか》できたえた力《ちから》をきっと存分《ぞんぶん》に発揮《はっき》してくれることでしょう。

理科《りか》って楽《たの》しいよね。私《わたし》も大好《だいす》きでした。

今《いま》、考《かんが》えているあなたへ

あなたに手紙《てがみ》を書《か》きます。今《いま》、考《かんが》えているあなたに手紙《てがみ》を書《か》きます。

私《わたし》が小学《しょうがく》2年《ねん》の時《とき》です。先生《せんせい》からこんな話《はなし》を聞《き》きました。神《かみ》さまがこれから地上《ちじょう》に行《い》く動物《どうぶつ》たちに「一つだけ欲《ほ》しいものを与《あた》えてやろう」と言《い》います。ゾウは「一番大《いちばんおお》きな体《からだ》が欲《ほ》しい」と言《い》いました。ライオンは「一番強《いちばんつよ》いキバが欲《ほ》しい」と。キリンは長《なが》い首《くび》を、鳥《とり》は大空《おおぞら》を飛《と》ぶ羽《はね》を神《かみ》さまにお願《ねが》いしました。

動物《どうぶつ》たちが欲《ほ》しいものをもらって地上《ちじょう》に降《お》りていく中《なか》で、最後《さいご》に人間《にんげん》が残《のこ》りました。神《かみ》さまは「これこれ、人間《にんげん》よ、何《なに》が欲《ほ》しいのじゃ」とたずねます。人間《にんげん》は「その欲《ほ》しいものが何《なに》かを考《かんが》えているのです」と言《い》います。すると神《かみ》さまは人間《にんげん》に対《たい》して、「では、お前《まえ》に『考《かんが》える力《ちから》』をあたえよう」と言《い》いました。

もう古《ふる》い話《はなし》なので細《こま》かいところは忘《わす》れましたが、「人間《にんげん》は、考《かんが》える力《ちから》をもらった動物《どうぶつ》」というところは鮮明《せんめい》に覚《おぼ》えています。

人間《にんげん》は、いろいろなことを考《かんが》える動物《どうぶつ》です。「なぜだろう」「どうしてなのだろう」と問《と》いかけて、その答《こた》えを見《み》つけ出《だ》そうとする力《ちから》を持《も》った唯一《ゆいいつ》の動物《どうぶつ》なのです。答《こた》えは出《で》なくてもかまいません。まちがうこともあるでしょう。大切《たいせつ》なのは不思議《ふしぎ》に思《おも》い、それについて「なぜだろう」と考《かんが》えること。それが最《もっと》も「人《にん》間《げん》らしい行為《こうい》」と言《い》えるのです。

さぁ、周囲《しゅうい》を見《み》てみましょう。上《うえ》を向《む》いて、「なぜ空《そら》は青《あお》いのか」と考《かんが》えてみましょう。神《かみ》さまからあたえられた「考《かんが》える力《ちから》」を育《そだ》てていきましょう。

社会科《しゃかいか》の力《ちから》をのばしたいあなたへ

あなたに手紙《てがみ》を書《か》きます。社会科《しゃかいか》の力《ちから》をのばしたいあなたに手紙《てがみ》を書《か》きます。

社会科《しゃかいか》を勉強《べんきょう》したら、自分《じぶん》にどんな力《ちから》がつくか。私《わたし》の体験《たいけん》を語《かた》りますね。

北見山地《きたみさんち》、石狩山地《いしかりさんち》、日高山脈《ひだかさんみゃく》、天塩山地《てしおさんち》、夕張山地《ゆうばりさんち》……。小学《しょうがく》4年生《ねんせい》の時《とき》に覚《おぼ》えた北海道《ほっかいどう》の山地《さんち》や山脈《さんみゃく》を今《いま》でも覚《おぼ》えています。白地図《はくちず》に書《か》きこむこともできます。でも当時《とうじ》は、これがどんな役《やく》に立《た》つのか全《まった》くわかりませんでした。

大学《だいがく》を卒業《そつぎょう》して社会人《しゃかいじん》になってから、北海道出身《ほっかいどうしゅっしん》の人《ひと》と仕事《しごと》をするようになりました。夕張市出身《ゆうばりししゅっしん》の人《ひと》でした。食事《しょくじ》をしながら北海道《ほっかいどう》の話《はなし》になった時《とき》、山地《さんち》や山脈《さんみゃく》の名前《なまえ》と場所《ばしょ》を覚《おぼ》えていたおかげで相手《あいて》の話《はなし》がよくわかりました。同時《どうじ》に、夕張《ゆうばり》の人《ひと》の話《はな》す地域《ちいき》の特性《とくせい》や、そこに住《す》む人《ひと》たちの性格《せいかく》も理解《りかい》できました。小学《しょうがく》4年生《ねんせい》の知識《ちしき》が役立《やくだ》ったのです。

世《よ》の中《なか》には、自分《じぶん》の知《し》らない土地《とち》があり、自分《じぶん》の経験《けいけん》したことのない職業《しょくぎょう》にたずさわる人《ひと》がたくさんいる。歴史書《れきししょ》を読《よ》めば、自分《じぶん》では想像《そうぞう》できない考《かんが》えや実行力《じっこうりょく》の人《ひと》もたくさんいます。

社会科《しゃかいか》を学《まな》べば、自分《じぶん》にはない生《お》い立《た》ち、経験《けいけん》、職業観《しょくぎょうかん》や思想《しそう》を持《も》った人《ひと》を受《う》け入《い》れ、なかよくなり、きずなを作《つく》れるようになれます。つまり、社会科《しゃかいか》って、あなたにネットワーク力《りょく》をつけてくれる勉強《べんきょう》なんだよね。

地図《ちず》と年表《ねんぴょう》を身近《みぢか》なところに置《お》いて、テレビや新聞《しんぶん》に出《で》てきた場所《ばしょ》や歴史《れきし》を確認《かくにん》しましょう。その一つひとつが、あなたと人《ひと》とつなぐ「きずなのもと」になります。

文通《ぶんつう》を続《つづ》けてくれているあなたへ

あなたに手紙《てがみ》を書《か》きます。私《わたし》と文通《ぶんつう》を続《つづ》けてくれているあなたに手紙《てがみ》を書《か》きます。

4月に手紙《てがみ》を書《か》き始《はじ》めてから、毎週《まいしゅう》のように返事《へんじ》をくれるあなた。本当《ほんとう》にありがとう。手紙《てがみ》が届《とど》くたびに温《あたた》かい気持《きも》ちになっています。

あなたは毎日《まいにち》の中《なか》で感《かん》じたことや、コラムの感想《かんそう》を素直《すなお》に書《か》いているだけなのかもしれません。でも、毎週《まいしゅう》手紙《てがみ》を読《よ》んでいる私《わたし》にはわかります。あなたは着実《ちゃくじつ》に文章《ぶんしょう》がうまくなっている。言葉《ことば》の数《かず》が増《ふ》え、自然《しぜん》に対《たい》する感受性《かんじゅせい》が豊《ゆた》かになりました。構成《こうせい》もしっかりして、最後《さいご》まで読《よ》むと「うまい！」とさけびたくなることもしばしばです。4月のころとは比《くら》べものにならないくらい文章力《ぶんしょうりょく》をみがきました。

そんなあなたの努力《どりょく》に、言葉《ことば》を一つおくります。

「進《すす》みながら強《つよ》くなる」

フランスの作家《さっか》バルザックを評論《ひょうろん》したシュテファン・ツバイクが、バルザックについて語《かた》った一言《ひとこと》です。初《はじ》めは欠点《けってん》だらけでも、前《ぜん》進《しん》すれば、ますます強《つよ》くなります。強《つよ》くなってから進《すす》もうと下準備《したじゅんび》ばかりしていてはだめなのです。書《か》きながらあなたの文章《ぶんしょう》はどんどん美《うつく》しく、強《つよ》いものになってきました。

何《なに》ごとであれ、多少準備不足《たしょうじゅんびぶそく》でも進《すす》むことを優先《ゆうせん》すべきです。進《すす》めば強《つよ》くなれるのです。これからもいろいろなことに挑戦《ちょうせん》してください。進《すす》めば力《ちから》が加《くわ》わると信《しん》じて、前《まえ》へ前《まえ》へと歩《あゆ》んでください。

またお手紙《てがみ》くださいね。

劇的《げきてき》に成績《せいせき》をのばしたいあなたへ

あなたに手紙《てがみ》を書《か》きます。劇的《げきてき》に成績《せいせき》をのばしたいあなたに手紙《てがみ》を書《か》きます。

「そんなうまい手《て》があるわけないよ」と、あなたの声《こえ》が聞《き》こえてくるようです。でも、あります。厳《きび》しい方法《ほうほう》ですが、確実《かくじつ》にあります。

それは、苦手科目《にがてかもく》を2倍勉強《ばいべんきょう》することです。

「なんだ、そんなことか」と、またあなたのため息《いき》が聞《き》こえます。しかし、よく聞《き》いてください。これは単《たん》に「苦手科目《にがてかもく》を克服《こくふく》する」というだけの話《はなし》ではないのです。

苦手科目《にがてかもく》とは、あなたがこれまでさけてきたものです。「先生《せんせい》がきらいだな」「テストで悪《わる》い点《てん》とっちゃった」「よくわからないな」と見《み》て見《み》ぬふりをしてきた。それが積《つ》もり積もって「苦手《にがて》」になってしまったんです。でもね、この「苦手《にがて》」こそが、あなたを大《おお》きく変《か》える力《ちから》になるんだよ。

苦手《にがて》で、きらいで、みんなよりもうまくできないところは居心地《いごこち》の悪《わる》いものです。初《はじ》めはつらいでしょう。でも、がまんです。歯《は》をくいしばりましょう。少《すこ》しわかれば、グンと成績《せいせき》がのびます。得意教科《とくいきょうか》はもう「のびしろ」がありません。でも、苦手教科《にがてきょうか》は、やればやるだけのびます。総合点《そうごうてん》を上《あ》げる最《もっと》も早《はや》くて、効果的《こうかてき》な方法《ほうほう》が苦手《にがて》の克服《こくふく》なのです。

そして、何《なに》よりも大切《たいせつ》なのは、あなたが「苦手《にがて》」と思《おも》うものを乗《の》りこえること。さけていたことに正面《しょうめん》から向《む》き合《あ》った時《とき》、あなたは成績《せいせき》が上《あ》がるばかりでなく、心《こころ》の強《つよ》い人間《にんげん》にもなれるのです。目安《めやす》は、今《いま》までの2倍勉《ばいべん》強《きょう》すること。「苦手《にがて》」と真剣勝負《しんけんしょうぶ》しよう！

もっと集中《しゅうちゅう》したいあなたへ

あなたに手紙《てがみ》を書《か》きます。もっと集中《しゅうちゅう》したいあなたに手紙《てがみ》を書《か》きます。

私《わたし》の友人《ゆうじん》に有名大学《ゆうめいだいがく》の教授《きょうじゅ》がいます。長《なが》い論文《ろんぶん》を書《か》いたり、難《むずか》しい本《ほん》を読《よ》んだりすることが全《まった》く苦痛《くつう》ではないそうです。うらやましいと思《おも》って、その秘訣《ひけつ》を聞《き》きました。

「勉強《べんきょう》する前《まえ》に手《て》を洗《あら》うことかな」

教授《きょうじゅ》の答《こた》えは意外《いがい》なものでした。

「子《こ》どものころ、塾《じゅく》の先生《せんせい》から聞《き》いたんだ。『儀式《ぎしき》』を持《も》つと集中《しゅうちゅう》できるってね。ぼくにとっては『手洗《てあら》い』がその儀式《ぎしき》。手《て》を洗《あら》った後《あと》は、勉強《べんきょう》するしかない。せっけんのにおいをかげば集中《しゅうちゅう》できると自分《じぶん》に言《い》い聞《き》かせてきたんだ」

教授《きょうじゅ》は、たったこれだけのことで集中力《しゅうちゅうりょく》を養《やしな》ってきたと言《い》うのです。

「イチローだって、バッティングに入《はい》る前《まえ》に同《おな》じ動作《どうさ》をするよね。ラグビーの五郎丸選手《ごろうまるせんしゅ》もお祈《いの》りみたいなポーズをいつもする。あれはみんな集中《しゅうちゅう》するための儀式《ぎしき》。続《つづ》けるうちに気持《きも》ちがブレなくなるんだよね」

おもしろくなって、周囲《しゅうい》にいるさまざまな優秀《ゆうしゅう》な人《ひと》たちにたずねてみました。すると、「うがいをする」「文房具《ぶんぼうぐ》を同《おな》じ場所《ばしょ》に並《なら》べる」など、それぞれ集中《しゅうちゅう》するための「儀式《ぎしき》」を持《も》っている人《ひと》がたくさんいました。

集中《しゅうちゅう》したいあなた。「勉強《べんきょう》に集中《しゅうちゅう》するための儀式《ぎしき》」を作《つく》ってみてはどうでしょう。私《わたし》は、教授《きょうじゅ》のまねをして手《て》を洗《あら》っています。これを集中《しゅうちゅう》の合図《あいず》にしています。気《き》が散《ち》ってきたらまた洗《あら》います。この文章《ぶんしょう》もせっけんといっしょに気持《きも》ちよく書《か》いているのです。

入試前《にゅうしまえ》に緊張《きんちょう》しているあなたへ

あなたに手紙《てがみ》を書《か》きます。入試前《にゅうしまえ》に緊張《きんちょう》しているあなたに手紙《てがみ》を書《か》きます。

ドキドキしますね。不安《ふあん》ですね。一年《ねん》で一《いち》番寒《ばんさむ》い季節《きせつ》。体《からだ》も心《こころ》も縮《ちぢ》こまっています。勉《べん》強《きょう》ばかりで、運動不足《うんどうぶそく》にもなっているしね。

でも、入試《にゅうし》にとって一番《いちばん》の大敵《たいてき》は「萎縮《いしゅく》」です。つまり縮《ちぢ》こまって、元気《げんき》がなくなっている状態《じょうたい》です。これでは実力《じつりょく》が発揮《はっき》できません。

この縮《ちぢ》こまった状態《じょうたい》から何《なん》とかぬけ出《だ》そうじゃないですか。

キーワードは、「キビキビ」です。「キビキビ」と小声《こごえ》でつぶやきながら、通学路《つうがくろ》を少《すこ》し早歩《はやある》きしてみましょう。学校《がっこう》に着《つ》いてからも「キビキビ」です。階段《かいだん》をさっとのぼりましょう。いつもより早《はや》く、力強《ちからづよ》く動《うご》くことで、脳《のう》に新鮮《しんせん》な血《ち》が回《まわ》ります。呼吸《こきゅう》の数《かず》も増《ふ》え、心臓《しんぞう》や肺《はい》の機能《きのう》も高《たか》まります。無理《むり》に時間《じかん》を作《つく》る必要《ひつよう》はありません。「キビキビ生活《せいかつ》する」これを心《こころ》がけてください。こうすれば、萎縮《いしゅく》があなたから消《き》えていきます。のびのびとした体《からだ》に元気《げんき》がわいてきます。

入試当日《にゅうしとうじつ》も、「キビキビ」です。布団《ふとん》を出《で》る時《とき》も、歯《は》をみがく時《とき》も、意識《いしき》してキビキビ動《うご》きましょう。入試会場《にゅうしかいじょう》まで、脳《のう》と心臓《しんぞう》の働《はたら》きをよくしてください。緊張《きんちょう》や重《おも》たい気分《きぶん》を素早《すばや》い動《うご》きで追《お》っぱらうのです。

そして試験直前《しけんちょくぜん》に、大《おお》きく深呼吸《しんこきゅう》。「パン！」と手《て》をたたいて、気合《きあい》を入《い》れましょう。キビキビと問題《もんだい》を解《と》いていけば、必《かなら》ずあなたの頭上《ずじょう》に栄冠《えいかん》がかがやきます。さぁ、のびのびいこうぜ！

夜《よ》ふかしが好《す》きなあなたへ

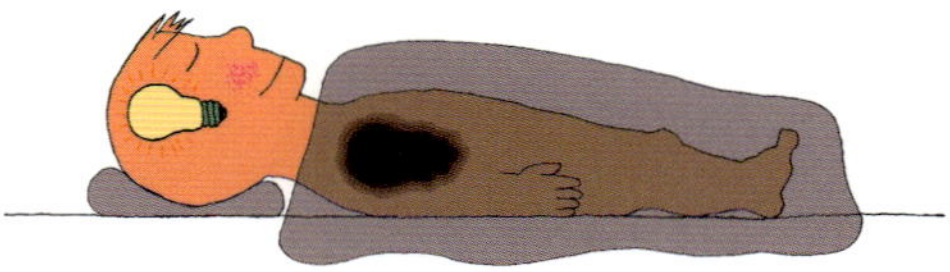

あなたに手紙《てがみ》を書《か》きます。夜《よ》ふかしが好《す》きなあなたに手紙《てがみ》を書《か》きます。

楽《たの》しいことがあると、寝《ね》る時間《じかん》がもったいなくなりますよね。私《わたし》も遠足《えんそく》や運動会《うんどうかい》の前夜《ぜんや》にワクワクして眠《ねむ》れませんでした。

でも、睡眠《すいみん》をとらないといいことは何《なに》もありません。バスは美《うつく》しい紅葉《こうよう》の中《なか》を走《はし》っているのに居眠《いねむ》りです。運動会《うんどうかい》の結果《けっか》もいいものではありませんでした。

ちゃんと寝《ね》ようと思《おも》っても、いろんなことが頭《あたま》から離《はな》れない。寝《ね》ようとすればするほど、目《め》がさえてきてしまう。「眠《ねむ》らずにすんだら、どれだけ幸《しあわ》せだろう」と思《おも》った時期《じき》もありました。

しかし、こんな経験《けいけん》もあります。前《まえ》の夜《よる》に解《と》けなかった算数《さんすう》の図形問題《ずけいもんだい》が、翌日起《よくじつお》きたら簡単《かんたん》に解《と》けた。また、ウンウンうなって暗《あん》記《き》したものが、次《つぎ》の日《ひ》にはスラスラと口《くち》から出《で》るようになったこともありました。実《じつ》に不《ふ》思議《しぎ》な気分《きぶん》でした。

脳《のう》みそは、私《わたし》たちが寝《ね》ている間《あいだ》も働《はたら》いています。記憶《きおく》に残《のこ》す必要《ひつよう》のないものは捨《す》て、大《たい》切《せつ》なものは順番《じゅんばん》に整理《せいり》しているそうです。だから朝起《あさお》きた時《とき》に問題《もんだい》が解決《かいけつ》できるのです。

ロシアの作家《さっか》プーシキンは、「決定《けってい》をあせってはならない。一晩眠《ひとばんねむ》ればよい知恵《ちえ》が出《で》るものだ」と言《い》いました。その通《とお》りです。頭《あたま》の中《なか》がこんがらがってきたら、もう寝《ね》ましょう。翌朝目覚《よくあさめざ》めたら、スルッといい答《こた》えが出《で》るかもしれません。早起《はやお》きと同《おな》じように、早《はや》寝《ね》もまた、「三文《さんもん》の徳《とく》」なのです。

忘《わす》れ物《もの》ばかりしているあなたへ

あなたに手紙《てがみ》を書《か》きます。忘《わす》れ物《もの》ばかりしているあなたに手紙《てがみ》を書《か》きます。

入《い》れたと思《おも》ったのに入《はい》ってない。あれだけ注意《ちゅうい》していたのに、また忘《わす》れてしまった。忘《わす》れ物《もの》の多《おお》いあなた、全《まった》くいやになっちゃうよね。

一つ魔法《まほう》を教《おし》えましょう。「指《ゆび》さし呼称《こしょう》」という方法《ほうほう》です。これは昔《むかし》、蒸気機関車《じょうききかんしゃ》の運《うん》転士《てんし》が信号確認《しんごうかくにん》のためにやっていたもの。今《いま》では、病院《びょういん》や工場《こうじょう》などでも行《おこな》われています。寝《ね》る前《まえ》に明日《あす》の時間割《じかんわり》を見《み》ます。1時間目《じかんめ》は算数《さんすう》です。「算数《さんすう》」の文字《もじ》をしっかり見《み》て、それを指《さ》しながら想像《そうぞう》してください。「宿題《しゅくだい》はあったかな」「モノサシはちゃんと入《い》れたよ」。確認《かくにん》できたら、指《ゆび》を耳《みみ》のところまで持《も》っていきます。そして、「算数《さんすう》、ヨシ！」と声《こえ》を出《だ》して、「算数《さんすう》」の文字《もじ》に向《む》かって指《ゆび》をふりおろすのです。

2時間目《じかんめ》の「国語《こくご》」も同《おな》じ。かばんに向《む》かって指《ゆび》をさし、忘《わす》れ物《もの》がなかったら、「持《も》ち物《もの》、ヨシ！」と指《ゆび》をふりおろしましょう。初《はじ》めは面倒《めんどう》かもしれません。でも、なれてくれば自然《しぜん》と指《ゆび》が動《うご》き、声《こえ》が出《で》るようになります。何《なん》でも「指《ゆび》さし呼称《こしょう》」するクセがついてきます。

人間《にんげん》、頭《あたま》だけで考《かんが》えているから忘《わす》れるんだよ。体《からだ》も、声《こえ》も使《つか》って確認《かくにん》すれば、脳《のう》が活性《かっせい》化《か》して、入《い》れ忘《わす》れに気《き》づくんだ。

わからなかったら駅《えき》のホームで駅員《えきいん》さんを見《み》てごらん。必《かなら》ず「指《ゆび》さし呼称《こしょう》」しています。かっこいいよ。しっかりまねしてくださいね。

コラムを卒業《そつぎょう》するあなたへ

あなたに手紙《てがみ》を書《か》きます。今日《きょう》、このコラムを卒業《そつぎょう》するあなたに手紙《てがみ》を書《か》きます。「大勢《おおぜい》の中《なか》のあなたへ」は、今日《きょう》で終《お》わりです。休《やす》むことなく読《よ》んでくれてありがとう。勇気《ゆうき》を出《だ》して私《わたし》に手紙《てがみ》を書《か》いてくれたこと、感謝《かんしゃ》しているよ。

早稲田大学《わせだだいがく》を創立《そうりつ》した大隈重信《おおくましげのぶ》さんが卒業《そつぎょう》生《せい》にこう言《い》いました。「諸君《しょくん》は必《かなら》ず失敗《しっぱい》する。ずいぶん失敗《しっぱい》する。成功《せいこう》より失敗《しっぱい》が多《おお》い」

学生《がくせい》をはげますべきなのに、なんてひどいことを言《い》うのでしょう。しかし、考《かんが》えてみてください。成功《せいこう》ばかりの人間《にんげん》なんているでしょうか。無理《むり》です。もしできたとしても、深《ふか》みがありません。根《ね》っから明《あか》るい性格《せいかく》だった大隈重信《おおくましげのぶ》さん。くよくよしている学生《がくせい》の背《せ》中《なか》をバンとたたいて「失敗《しっぱい》しても、落胆《らくたん》するな」と言《い》いました。

私《わたし》も大隈《おおくま》さんのように明《あか》るくあなたを送《おく》ります。「あなたは必《かなら》ず失敗《しっぱい》します。負《ま》けたり、くやしい思《おも》いをしたりすることがずいぶんあります。しかし、落胆《らくたん》するな。落《お》ちこむな。力《ちから》こぶしをにぎれ。苦《くる》しい時《とき》こそ笑《わら》え。そのつらさ、痛《いた》みこそがあなたの成長《せいちょう》の証《あか》しなのだ」と。

願《ねが》わくは、中学生《ちゅうがくせい》になっても時折《ときおり》「大勢《おおぜい》の中《なか》のあなたへ」を読《よ》み返《かえ》してほしい。つらい時《とき》、きっとあなたの役《やく》に立《た》つ。それでも苦《くる》しかったら、泣《な》きたくなったら、ぜひまた私《わたし》に手紙《てがみ》を書《か》いてください。必《かなら》ず返事《へんじ》を書《か》きます。ずっとずっと、何《なに》があってもあなたを応援《おうえん》するからね。

さぁ、卒業《そつぎょう》です。あなたの未来《みらい》に幸《さち》あれ！

そういう考《かんが》え方《かた》もあるよね

子《こ》どもたちから、毎週《まいしゅう》たくさんの手紙《てがみ》が届《とど》きます。全国《ぜんこく》から、男《おとこ》の子《こ》も女《おんな》の子《こ》も熱心《ねっしん》に手紙《てがみ》を書《か》いて送《おく》ってきてくれます。すべてに返事《へんじ》を書《か》きながら気《き》づいたことがあります。

学年《がくねん》に関係《かんけい》なく、多《おお》くの子《こ》どもたちが「自分《じぶん》の意見《いけん》を主張《しゅちょう》できない」ことで悩《なや》んでいるのです。「クラスで声《こえ》の大《おお》きい子《こ》の意見《いけん》に負《ま》けて、心《こころ》と反対《はんたい》のことを言《い》ってしまう」「全《まった》く納得《なっとく》していないけれど、その場《ば》の空気《くうき》に合《あ》わせてだまってしまう」。学校生活《がっこうせいかつ》ばかりではありません。「機嫌《きげん》が悪《わる》くなるからお母《かあ》さんに合《あ》わせている」と書《か》いてくる子《こ》も多《おお》いのです。

その多《おお》くは、「これは秘密《ひみつ》にしてください」「絶対《ぜったい》ナイショです」と何度《なんど》も念《ねん》をおしています。それでも鉛筆《えんぴつ》で文章《ぶんしょう》をつづり、新聞社宛《しんぶんしゃあ》てに投函《とうかん》してくるのですから、「自己主張《じこしゅちょう》できない」ことをよほど悩《なや》んでいるのでしょう。

みんな優《やさ》しいのです。途方《とほう》もなくいい子《こ》で、頭《あたま》の回転《かいてん》も速《はや》い。状況《じょうきょう》を察知《さっち》する能力《のうりょく》は大人《おとな》と変《か》わりません。

言《い》いたいことが言《い》えない子《こ》どもの悩《なや》みを、まず家庭《かてい》の中《なか》から変《か》えていくことはできないか。例《たと》えば、ビジネスの現場《げんば》では、上司《じょうし》は自分《じぶん》の考《かんが》えを即座《そくざ》におしつけるのではなく、「そういう考《かんが》え方《かた》もあるよね」を口《くち》ぐせにしろと言《い》われます。強《つよ》い立場《たちば》の人間《にんげん》は、自己主張《じこしゅちょう》する前《まえ》に相手《あいて》の言《い》い分《ぶん》を飲《の》む。そこで一度《いちど》、共同体《きょうどうたい》の感覚《かんかく》を作《つく》ってからゆっくりと自分《じぶん》の考《かんが》えを述《の》べていく。昔《むかし》のような命令口調《めいれいくちょう》は、今《いま》の社会《しゃかい》には通用《つうよう》しません。やればやるほど、部下《ぶか》たちは本音《ほんね》をかくし、状況《じょうきょう》に合《あ》わせることだけを考《かんが》えてしまいます。

「自己主張《じこしゅちょう》できない」と悩《なや》む子《こ》どもたちに対《たい》して親《おや》が、「そういう考《かんが》え方《かた》もあるよね」と一度《いちど》受《う》け止《と》めてから、ゆっくりと自分《じぶん》の意見《いけん》を言《い》う話法《わほう》を身《み》につける。それを子《こ》どもたちがマネをするようになれば、学校《がっこう》における子《こ》どもたちの対人関係《たいじんかんけい》も少《すこ》しずつ変化《へんか》してくるはずです。

子《こ》どもたちの手紙《てがみ》からいつも多《おお》くのことを学《まな》んでいます。彼《かれ》らは家《いえ》や、学校《がっこう》や、限《かぎ》られた地域《ちいき》に住《す》んでいますが、そこにくり広《ひろ》げられる人間関係《にんげんかんけい》は、大人《おとな》と何《なん》ら変《か》わりがありません。それだけに、この時期《じき》に「私《わたし》は言《い》いたいことが言《い》えない」と、自《みずか》らをレッテルばりしてしまうと、尾《お》を引《ひ》く可能性《かのうせい》がある。長《なが》くその呪縛《じゅばく》にとらわれることになりかねません。

私《わたし》も何《なん》とか子《こ》どもたちの悩《なや》みに応《こた》えようと努力《どりょく》しています。手紙《てがみ》の返事《へんじ》をどう書《か》こうかと考《かんが》えあぐねる日々《ひび》が続《つづ》きます。機会《きかい》を見《み》て、親《おや》のみなさんとも意見《いけん》を交換《こうかん》したい。よいアイデア、成功体験《せいこうたいけん》があれば教《おし》えてほしい。そんな虫《むし》のいいことを考《かんが》えています。

文章上達《ぶんしょうじょうたつ》のコツ

原稿用紙《げんこうようし》マジック

あっという間《ま》にあなたを「文章《ぶんしょう》が得意《とくい》な人《ひと》」に変《か》えてみましょう。名《な》づけて「原稿用紙《げんこうようし》マジック」です。

まず、400字《じ》づめ原稿用紙《げんこうようし》を1枚《まい》取《と》り出《だ》します。それをたて半分《はんぶん》に折《お》ってください。200字《じ》と200字《じ》に分《わ》かれましたね。

次《つぎ》に、また半分《はんぶん》に折《お》ってください。原稿用紙《げんこうようし》が四つに区切《くぎ》られました。一つ目《め》のスペースが80文《も》

半分に折る

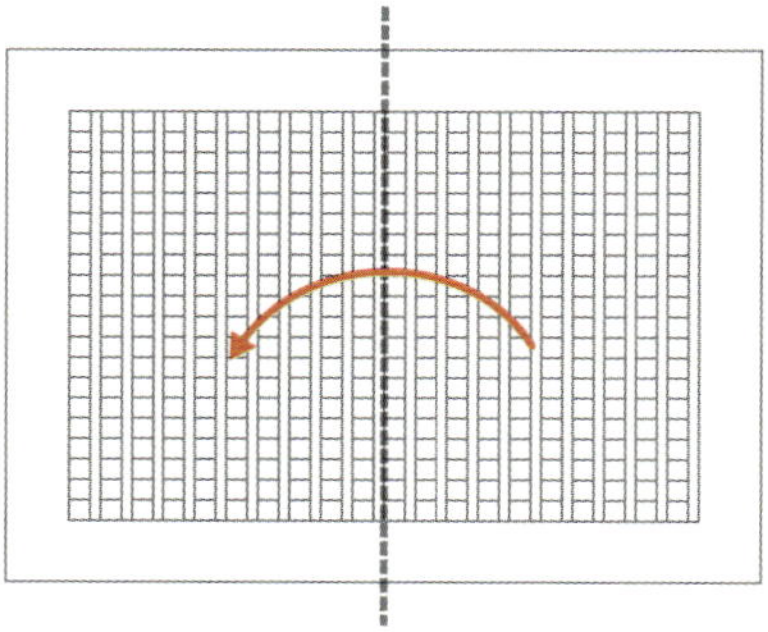

さらに半分

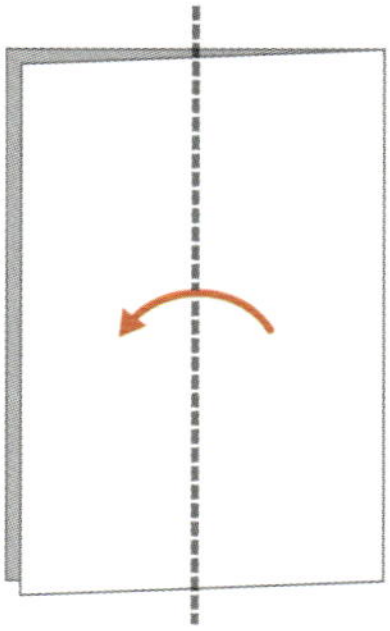

字《じ》、次《つぎ》が１２０文字《もじ》、次《つぎ》も１２０文字《もじ》、最後《さいご》が80文字《もじ》に分《わ》かれていますね。

実《じつ》は、この四つのスペースが、あなたの文章力《ぶんしょうりょく》をアップする力《ちから》になってくれるのです。あなたは「起承転結《きしょうてんけつ》」という言葉《ことば》を聞《き》いたことがあるでしょう。中国《ちゅうごく》の漢詩《かんし》の構成《こうせい》を示《しめ》したものです。「起《き》」で物語《ものがたり》を起《お》こし、「承《しょう》」でもう少《すこ》しくわしく説明《せつめい》し、「転《てん》」で場面《ばめん》やお話《はなし》を一転《いってん》させ、「結《けつ》」で全体《ぜんたい》のまとめをする。こんな難《むずか》しいことが、折《お》り目《め》の入《はい》った原稿用紙《げんこうようし》なら簡単《かんたん》に書《か》けてしまいます。

「起承転結」が簡単に！

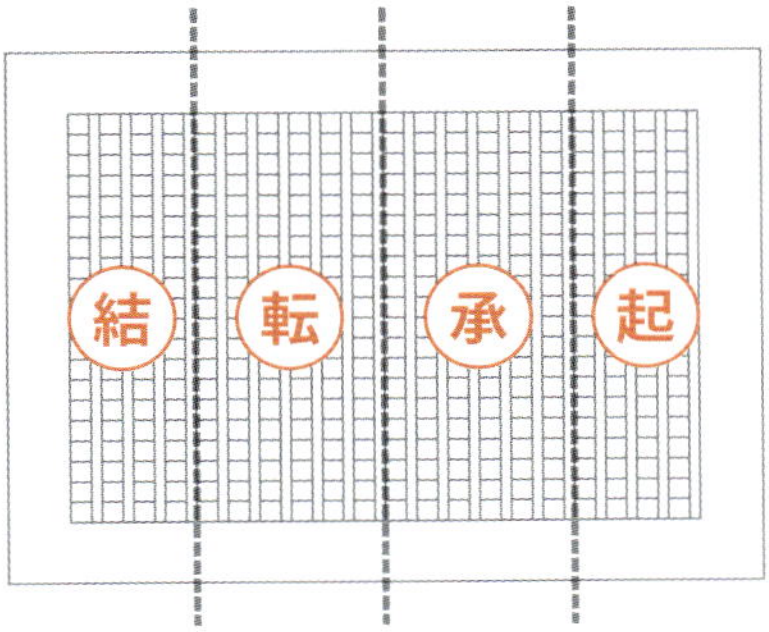

広げると…

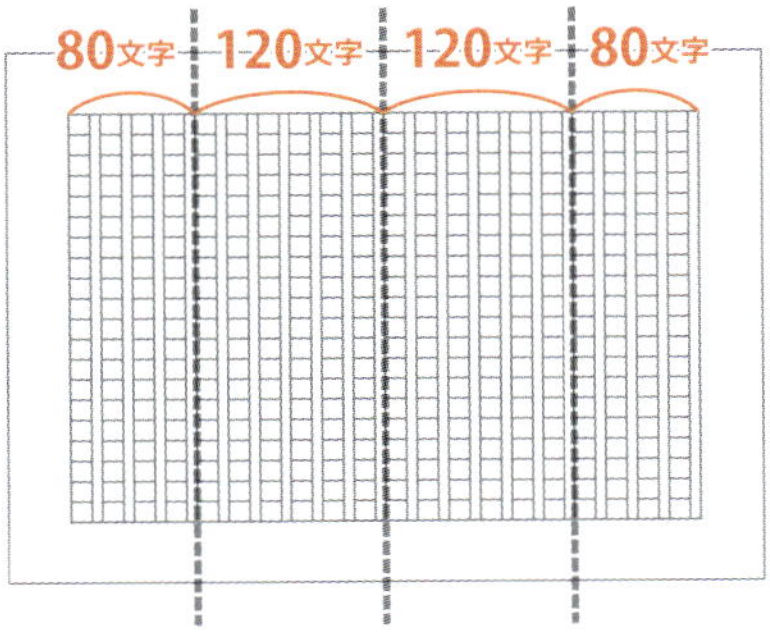

手紙《てがみ》を書《か》く

まず、手紙《てがみ》を書《か》いてみましょう。

一つ目《め》の80字《じ》は、季節《きせつ》のあいさつです。日本では、「桜《さくら》が咲《さ》きました」なんて季節《きせつ》の話《はなし》から手紙《てがみ》を書《か》き始《はじ》めます。難《むずか》しいことではありません。あなたが今《いま》、感《かん》じたり、行《おこな》ったりしていることを書《か》きましょう。「昨日《きのう》、お母《かあ》さんが作《つく》ってくれたシチューがおいしかったです」「今日《きょう》、初《はじ》めて半《はん》そでシャツを着《き》ました」。ね、簡単《かんたん》に季節《きせつ》のあいさつができました。最初《さいしょ》のスペースに、あなたが感《かん》じる季節《きせつ》を書《か》く。これがあいさつです。

次《つぎ》のスペースは、120文字《もじ》あります。ここは、「今《いま》、運動会《うんどうかい》の練習《れんしゅう》をやってます」「毎日塾《まいにちじゅく》に通《かよ》ってます」なんて、あなたが今《いま》やっていること、自《じ》

【例文《れいぶん》】

起《き》 季節《きせつ》のこと

今年《ことし》初《はじ》めてのスイカを食《た》べました。こい緑《みどり》に黒《くろ》のギザギザもようのスイカ。がぶりとかじったら、甘《あま》い汁《しる》が口中《くちじゅう》に広《ひろ》がりました。真夏《まなつ》の味《あじ》ですね。お元気《げんき》ですか。

承《しょう》 自分《じぶん》に起《お》きたこと

昨日《きのう》から家族全員《かぞくぜんいん》で福島県《ふくしまけん》の会津若松市《あいづわかまつし》にきています。ここは父《ちち》のふるさとで、祖父母《そふぼ》が元気《げんき》に暮《く》らしています。今朝《けさ》は、鶴ヶ城《つるがじょう》を散歩《さんぽ》しました。汗《あせ》をいっぱいかきながら天守閣《てんてんかく》にのぼると、はるか遠《とお》くに磐梯山《ばんだいさん》が見《み》えました。

分《ぶん》に起《お》きたことを書《か》くところです。コツは、新聞《しんぶん》記者《きしゃ》になったつもりで書《か》く。「つかれた」とか、「楽《たの》しかった」という自分《じぶん》の思《おも》いはあまり入《い》れずに客観的《きゃっかんてき》に書《か》いてください。なぜなら手紙《てがみ》を読《よ》む相手《あいて》はあなたが今《いま》どんなことをやっているのか知《し》らないからです。相手《あいて》が新聞《しんぶん》を読《よ》むように書《か》いてあげましょう。

さて、3番目《ばんめ》のスペースも120文字《もじ》。手紙《てがみ》のヘソです。今度《こんど》はあなたが感《かん》じていること、考《かんが》えたことでうめつくしましょう。本音《ほんね》で書《か》けば書《か》くほど相手《あいて》に気持《きも》ちが伝《つた》わる手紙《てがみ》になります。かっこうをつける必要《ひつよう》はありません。思《おも》ったことを素《す》直《なお》に書《か》きます。

そして、最後《さいご》がまとめです。ここは相手《あいて》の健康《けんこう》を気《き》づかいながら、終《お》わりのあいさつを述《の》べます。簡単《かんたん》でしょ。試《ため》してみてください。

転《てん》 自分《じぶん》の考《かんが》えたこと

正直言《しょうじきい》えば会津若松《あいづわかまつ》は遠《とお》いし、毎年来《まいとしく》るのであきていました。私《わたし》はしぶしぶ来《き》たんです。でも畑《はたけ》のスイカを持《も》ってきてくれるおばあちゃんの背中《せなか》が、去年《きょねん》より少《すこ》し年《とし》をとって小《ちい》さく感《かん》じられました。その姿《すがた》を見《み》て、やっぱり来《き》てよかったと思《おも》っていました。

結《けつ》 相手《あいて》のこと

東京《とうきょう》は、猛暑《もうしょ》が続《つづ》いているそうですね。祥《さち》晃《あき》くんも、お盆《ぼん》にふるさとに帰《かえ》るのかな。東《とう》京《きょう》にもどったら、またお会《あ》いしましょう。夏《なつ》バテしないでくださいね。

ひきたよしあき

読書感想文《どくしょかんそうぶん》を書《か》く

一つのまとまった文章《ぶんしょう》を書《か》くのに、四つのスペースに分《わ》けて書《か》く。これは説明文《せつめいぶん》でも、読書感《どくしょかん》想文《そうぶん》でも、何《なん》にでも応用《おうよう》が利《き》きます。

文章《ぶんしょう》を書《か》こうと思《おも》ったら、原稿用紙《げんこうようし》を四つに区《く》切《ぎ》って、構成《こうせい》を考《かんが》えていきましょう。

私《わたし》は、今《いま》でも文章《ぶんしょう》をまとめる時《とき》に、四つに折《お》った原稿用紙《げんこうようし》をながめながら構成《こうせい》を考《かんが》えています。お守《まも》りのようにいつもポケットに入《い》れて、書《か》く時《とき》に取《と》り出《だ》しては、真《ま》っ白《しろ》い原稿用紙《げんこうようし》をながめています。

【例文《れいぶん》】

起《き》 本《ほん》の内容《ないよう》の要約《ようやく》

『走《はし》れメロス』は、のんきに暮《く》らしていたメロスが、人殺《ひところ》しの王《おう》をおこったことをきっかけに、人質《ひとじち》になった友《とも》を救《すく》うために処刑場《しょけいじょう》まで走《はし》り、友情《ゆうじょう》の大切《たいせつ》さを再確認《さいかくにん》する話《はなし》です。

承《しょう》 印象《いんしょう》に残《のこ》った登場人物《とうじょうじんぶつ》の行動《こうどう》

心《こころ》に残《のこ》ったのは、メロスが一度《いちど》友《とも》を裏切《うらぎ》るシーンです。つかれて寝《ね》てしまい、勇者《ゆうしゃ》らしからぬ弱音《よわね》をはきます。

しかし、そこからメロスはまた立《た》ち上《あ》がって、走《はし》りはじめます。一度《いちど》挫折《ざせつ》しても、再起《さいき》して走《はし》る姿《すがた》に感動《かんどう》しました。

転《てん》 登場人物《とうじょうじんぶつ》が体験《たいけん》したことに似《に》た私《わたし》の体験《たいけん》

　私《わたし》も似《に》た経験《けいけん》があります。試験《しけん》の時《とき》に風邪《かぜ》をひいてしまい、「もう、成績《せいせき》が落《お》ちても仕《し》方《かた》がない」と弱気《よわき》になりました。しかし、母《はは》の作《つく》ってくれたお弁当《べんとう》を食《た》べると気持《きも》ちが変《か》わりました。「応援《おうえん》してくれる人《ひと》がいる」と気持《きも》ちをふるい立《た》たせ、試験《しけん》に臨《のぞ》みました。

結《けつ》 登場人物《とうじょうじんぶつ》と私《わたし》の行動《こうどう》のちがいから、今後《こんご》どうしたいか

　メロスと私《わたし》のちがいは、私《わたし》は自分《じぶん》のためにがんばりましたが、メロスは友《とも》のために命《いのち》をかけたところです。私《わたし》も友情《ゆうじょう》を守《まも》るために力《ちから》をつくせる人《ひと》になりたいと思《おも》いました。

大人《おとな》になってからの「あなた」に向《む》けて

ここ3年《ねん》ほど明治大学《めいじだいがく》で「ことば」の講義《こうぎ》をしています。ある時《とき》、一人の女子《じょし》学生《がくせい》が私《わたし》の元《もと》にやってきて1冊《さつ》の本《ほん》を見《み》せてくれました。『修身教授録《しゅうしんきょうじゅろく》』という本《ほん》でした。暗《くら》い戦争《せんそう》が始《はじ》まる時代《じだい》に森信三先生《もりしんぞうせんせい》が当時《とうじ》の中学《ちゅうがく》3年生《ねんせい》たちに語《かた》った修身《しゅうしん》、今《いま》でいえば「道徳《どうとく》」の本《ほん》でした。

「道徳《どうとく》」なんてかたくて、まじめで、お説教《せっきょう》くさい本《ほん》を何《なん》で今《いま》どきの学生《がくせい》が真剣《しんけん》に読《よ》むのか不思議《ふしぎ》でした。すると「私《わたし》たち、こういうことをちっとも習《なら》ってきてないんです。もっと早《はや》く読《よ》めばよかった」と女子学生《じょしがくせい》は黒《くろ》くて深《ふか》い瞳《ひとみ》を私《わたし》に向《む》けて語《かた》ってくれたのです。

私《わたし》も読《よ》んでみました。「最初《さいしょ》に結果《けっか》を求《もと》めるな」「本物《ほんもの》は持続《じぞく》する」「苦《くる》しみの元《もと》は自分《じぶん》」「自分《じぶん》の顔《かお》をしあげろ」と強《つよ》い言葉《ことば》が並《なら》びます。初《はじ》めは当《あ》たり前《まえ》のことが書《か》いてあると思《おも》っていたのですが、半分《はんぶん》を過《す》ぎたあたりから、きちんと座《すわ》り直《なお》し、いいかげんな気持《きも》ちで暮《く》らしている自分《じぶん》を反省《はんせい》しながら読《よ》むようになったのです。

「大勢《おおぜい》の中《なか》のあなたへ」を書《か》くにあたり、森信三先生《もりしんぞうせんせい》の本《ほん》にずいぶん影響《えいきょう》を受《う》けました。平成《へいせい》の今《いま》を生《い》きる小学生《しょうがくせい》たちの新《あたら》しい修身《しゅうしん》は書《か》けないか。難《むずか》しくなく、すぐにとりこめて、大《おお》きくなっても読《よ》み返《かえ》したくなるようなコラムを毎週発表《まいしゅうはっぴょう》できないか。その結果《けっか》、「わからないのにわかったふりをしない」「好《す》きになるとは人《ひと》の成長《せいちょう》を好《す》きになること」「とにかく自分《じぶん》でなんとかする」「友《とも》だちとはまた会《あ》いたいと思《おも》う人《ひと》」「正義《せいぎ》とは困《こま》っている人《ひと》を助《たす》けること」などの言葉《ことば》を作《つく》ったり、引用《いんよう》したりしたのです。

できるなら、大人《おとな》になったあなたに、もう一度《いちど》この本《ほん》を読《よ》んでいただきたいのです。小学生《しょうがくせい》の１年間《ねんかん》、真剣《しんけん》に読《よ》んだこのコラムを思《おも》い出《だ》し、大人《おとな》になったあなたに、勇気《ゆうき》と元気《げんき》と笑顔《えがお》をとりもどしてもらいたいのです。

この本《ほん》の執筆《しっぴつ》に際《さい》し、私《わたし》の拙《つたな》い文章《ぶんしょう》に、優《やさ》しくて知的《ちてき》な絵《え》を添《そ》えてくださった杉浦範茂《すぎうらはんも》さんに心《こころ》から感謝《かんしゃ》いたします。また、朝日学生新聞社《あさひがくせいしんぶんしゃ》の脇阪嘉明社長《わきさかよしあきしゃちょう》、編集《へんしゅう》の平松利津子《ひらまつりつこ》さんに公私《こうし》にわたりお世話《せわ》になりました。

そして、私《わたし》の執筆活動《しっぴつかつどう》を応援《おうえん》してくれた博報堂執行役員立谷光太郎《はくほうどうしっこうやくいんたちやこうたろう》さん、多《おお》くのアドバイスをくださったDr.《ドクター》コパこと小林祥晃《こばやしさちあき》さんとＦａｃｅｂｏｏｋ《フェースブック》のなかまたち。手紙《てがみ》をくれた多《おお》くの小学生《しょうがくせい》と私《わたし》を今《いま》なお育《そだ》ててくれている母《はは》に感謝《かんしゃ》します。

ありがとうございました。

２０１６年夏《なつ》　ひきたよしあき

ひきたよしあき

1960年兵庫県西宮市生まれ。早稲田大学法学部卒業。博報堂スピーチライター。博報財団コミュニケーションコンサルタント。学生時代から第8次「早稲田文学」学生編集委員、NHK「クイズ面白ゼミナール」のクイズ制作などで活躍。84年（株）博報堂入社。クリエイティブディレクターとして数々のCM作品を手がける。また、明治大学はじめ多くの大学で講師を務める。朝日小学生新聞で、「大勢の中のあなたへ」1〜4、コラム「机の前に貼る一行」を連載。著書に『大勢の中のあなたへ』1〜3巻、『机の前に貼る一行』『ひきたよしあきの親塾』（朝日学生新聞社）、『博報堂スピーチライターが教える 口下手のままでも伝わるプロの話し方』（かんき出版）、『博報堂スピーチライターが教える5日間で言葉が「思いつかない」「まとまらない」「伝わらない」がなくなる本』（大和出版）など。

杉浦範茂（すぎうら・はんも）

1931年愛知県生まれ。東京芸術大学美術学部卒業。イラストレーター、グラフィックデザイナー。61年、毎日広告総理大臣賞受賞。79年『ふるやのもり』（フレーベル館）で小学館絵画賞、83年『まつげの海のひこうせん』（偕成社）で絵本にっぽん大賞、ボローニャ国際児童図書展グラフィック賞を受賞。85年には芸術選奨文部大臣新人賞を受賞。代表作は『ルドルフとイッパイアッテナ』（講談社）シリーズ、『むしのうた』（講談社）、『絵本の絵を読み解く』（読書サポート）、『へんてこだより』（小峰書店）、『ジュース』（鈴木出版）など。

大勢《おおぜい》の中《なか》のあなたへ

2016年8月10日 初版第1刷発行
2019年12月21日 第4刷発行

著者 ひきたよしあき
絵 杉浦範茂
発行者 植田幸司
編集 平松利津子
DTP 村上史恵
発行所 朝日学生新聞社
〒104・8433
東京都中央区築地5-3-2 朝日新聞社新館9階
電話 03・3545・5436（出版部）
http://www.asagaku.jp（朝日学生新聞社の出版案内など）
印刷所 株式会社シナノパブリッシングプレス

ISBN 978-4-907150-93-8

この本は、「朝日小学生新聞」2015年4月〜16年3月連載の「大勢の中のあなたへ」を加筆修正し、再構成したものです。